戦略的な就業規則改定への実務

―労働条件の不利益変更にあたる場合の見直し方法―

第一芙蓉法律事務所 弁護士／
慶應義塾大学法科大学院法務研究科教授 浅井 隆 著

労働開発研究会

はしがき

　企業は、独自の文化からなる戦略を持っています。その戦略のもとにその人的資源である労働者を有機的に機能させることで、発展していくのです。そして、その労働者を集団的かつ公正に処遇・管理するため、就業規則を定めます。
　このように、就業規則は、企業がその独自の文化によって裏付けられた戦略のもとに労働者を集団的、公正に処遇・管理するよりどころです。
　そうである以上、就業規則は、当該企業の文化が反映されたものであり、かつ戦略を実現するために使いやすいものでなければなりません。事業場に10名以上労働者がいれば、就業規則は作成が義務づけられますが、法律上の義務だから作成するという消極的意義づけではなく、むしろ自企業の文化を反映し戦略を実現するよりどころとして使うのだと積極的意義づけをした方が、企業の発展につながります。
　もっとも、この本をお読みの実務担当者の企業には、既に就業規則があるはずです。したがって、上記の積極的意義づけの下に就業規則に手を加えようとすれば、当然、労働条件の不利益変更の問題が生じます。ただ、これまで刊行された就業規則の本を筆者が見る限り、この問題を強く意識し、各労働条件についてどういった検討のもとにどのように変更したらよいかを具体的かつ実践的に解説した本は、皆無です。
　そこで、本書は、可能な限り、就業規則の各条項につき、その条項を変更することで労働条件を不利益変更する場合、どういった検討のもとにどのように変更したらよいかを解説します。あらゆるケースを想定して解説するのは不可能ですが、思いつく限り、就業規則で労働条件の不利益変更をするケースにつき、不利益変更の仕方の検討、分析、判断、表現（規定化）のパターンを示すことで、皆さんに、こうやって検討・分析し判断し、その結果を条項にこう反映させるのか、と理解してもらえるように解説しました。

どうか、就業規則の設計や改正も含めた運用に際し、市販のひな型をそのまま使うのではなく、常に、自企業の文化を反映させ、戦略的にどのように使うのかを考えて、見直しし運用していただきたいと思います。
　本書が、そのような問題意識を持つ方々のお役に立てることを願っています。
　最後に、本書の執筆にあたっては、株式会社労働開発研究会の宮重洋暁氏に大変お世話になりました。ここに深くお礼申し上げる次第です。

2011年10月

浅　井　　　隆

Contents 目次

第1章 就業規則の効力 ……………………………… 1

Ⅰ 就業規則の法的効力……………………………………… 1
　1．就業規則の意義………………………………………… 1
　2．就業規則の内容と形式………………………………… 1
　　(1) 内容………………………………………………… 1
　　(2) 形式………………………………………………… 3
　3．労働条件を規律する法的規律の順位………………… 3
　4．就業規則の効力………………………………………… 4
Ⅱ 就業規則による労働条件の不利益変更………………… 7
　1．労働条件の不利益変更の方法………………………… 7
　2．就業規則による労働条件の不利益変更……………… 7
　3．変更する労働条件によって判断が異なる……………12
Ⅲ 企業戦略と就業規則………………………………………14
　1．企業戦略と就業規則の関係……………………………14
　2．企業戦略の就業規則への具体化………………………14
　　(1) 職場のモチベーションを下げる問題社員を排除したい……14
　　(2) 能力（成果）主義に基づいて労働者を処遇したい…………15
　　(3) 有期労働者と正社員の役割・待遇を明確に区別したい……16

第2章 狭義の就業規則 ……………………………17

Ⅰ 狭義の就業規則を構成する事項…………………………17
Ⅱ 服務規律……………………………………………………19

Ⅲ	採用及び試用	26
Ⅳ	人事異動	30
Ⅴ	休職	37
Ⅵ	退職	44
Ⅶ	労働時間・休憩・休日	56
Ⅷ	時間外・休日労働	78
Ⅸ	出退勤	80
Ⅹ	年次有給休暇	82
Ⅺ	その他の法定休暇・法定休業	88
Ⅻ	任意の休暇・休業	91
ⅩⅢ	災害補償	94
ⅩⅣ	表彰及び制裁	100
ⅩⅤ	安全衛生	106

第3章　賃金規程　107

Ⅰ　賃金　107
　1．給与の計算等　107
　2．基準内給与　111
　3．基準外給与　128
　4．昇給　132
Ⅱ　賞与　134

第4章　退職金規程　137

第5章　有期労働者の就業規則　147

Documentation Index

資 料

資料1	就業規則 …………………………………………165
資料2の1	給与規程その1 ………………………………179
資料2の2	給与規程その2（能力（成果）主義賃金への部分移行例）……189
資料2の3	給与規程その3（能力（成果）主義賃金への全面移行例）……195
資料3	退職金規程 ……………………………………201
資料4	出向規程 ………………………………………205
資料5	転籍合意書 ……………………………………207
資料6	休職規程 ………………………………………209
資料7	定年後再雇用規程 ……………………………213
資料8	契約社員就業規則 ……………………………217

略　語　表

❖1　法　令　名
本書で用いる主要な法令等の略称は原則として以下の通りである。

労契法	労働契約法（平成19年法律128号）
労基法	労働基準法（昭和22年法律49号）
労基則	労働基準法施行規則（昭和22年厚生省令23号）
育介法	育児休業、介護休業等育児又は家族介護を行う労働者の福祉に関する法律（平成 3 年法律76号）
安衛法	労働安全衛生法（昭和47年法律57号）
労災法	労働者災害補償保険法（昭和22年法律50号）
労組法	労働組合法（昭和24年法律174号）
高年法	高年齢者等の雇用の安定等に関する法律（昭和46年法律68号）
民法	民法（明治29年法律89号）

❖2　判例集等
本書で用いる判決（決定）の略称は次のとおりである。

最大判（決）	最高裁判所大法廷判決（決定）
最一小判（決）	最高裁判所第一小法廷判決（決定）
	＊最二小判（決）、最三小判（決）も同様の例による。
高判（決）	高等裁判所判決（決定）
地判（決）	地方裁判所判決（決定）

第1章 就業規則の効力

Ⅰ 就業規則の法的効力

1．就業規則の意義

　就業規則は、名称のいかんを問わず、「労働条件」と「職場規律」を定めた規則です。企業は多くの労働者を協働させるので、「労働条件」を集団的、公正に設定し、かつ「職場規律」を規則として明記することが効率的な事業運営に必要不可欠です。このような必要から定められたのが就業規則なのです。

　そして、事業場単位で常時10人以上労働者がいる場合は、それを作成する義務があります。

2．就業規則の内容と形式

(1) 内容

　この「労働条件」と「職場規律」には、絶対的必要記載事項（就業規則を作成する場合には、必ず記載しなければならない事項、図1）、相対的必要記載事項（その定めをする場合には、就業規則に必ず記載しなければならない事項、図2）、任意的記載事項（就業規則への記載を義務づけられていない事項）があります。

図1

〈絶対的必要記載事項〉
①労働義務の枠組みに関する事項（労基法89条1号、注1）
②賃金（臨時の賃金等を除く）に関する事項（同2号、注2）
③退職に関する事項（同3号、注3）

注1　始業及び終業の時刻、休憩時間、休日、休暇並びに労働者を二組以上に分けて交替に就業させる場合においては就業時転換に関する事項
注2　賃金の決定、計算及び支払の方法、賃金の締切り及び支払の時期並びに昇給に関する事項
注3　任意退職、解雇、定年制、休職期間満了による自然退職等の労働契約終了事由に関する定め

図2

〈相対的必要記載事項〉
①退職金制度に関する事項（労基法89条3号の2、注1）、
②臨時の賃金等（退職金を除く一時金、臨時の手当など）及び最低賃金額に関する事項（同4号）、
③食費、作業用品その他の負担に関する事項（同5号）、
④安全及び衛生に関する事項（同6号、注2）
⑤職業訓練に関する事項（同7号、注3）
⑥災害補償及び業務外の傷病扶助に関する事項（同8号、注4）
⑦表彰及び制裁に関する事項（同9号、注5）
⑧その他の当該事業場の労働者のすべてに適用される定めをする場合はそれに関する事項（同10号、注6）

注1　適用労働者の範囲、額の決定、計算及び支払の方法、支払の時期
注2　なお、安衛法17条、18条参照
注3　訓練の種類、期間、受訓者の資格、訓練中の処遇、訓練後の処遇
注4　法定の補償の細目、法定外の上積み補償の内容など
注5　表彰の種類・事由及び懲戒の事由・種類・手続
注6　旅費規定、福利厚生規定、休職、配転、出向など

(2) 形式

　この「労働条件」と「職場規律」を具体的に定める場合、多くの企業では一本の就業規則にまとめることはなく、賃金と退職金の事項は分けて、その残りの事項を「就業規則」として定めます。賃金や退職金は、それだけで詳細になりますし別表なども必要となるため、別規程にする方が分かりやすいとの考えからです。

　企業によっては、その他の事項（例えば、弔慰金、出向、休職、育児・介護休業）も別規程にするところがあります。

　ただ、本書では、一応、一般的に多く見られる、賃金と退職金は別規程化するがそれ以外の事項は「就業規則」（これを、狭義の就業規則といいます）で定める、ということを前提に解説します。

　したがって、
　A．狭義の就業規則において（規程例として、**資料１**（165ページ）の就業規則参照）
　　・絶対的必要記載事項のうち、賃金を除く事項
　　・相対的必要記載事項のうち、退職金、臨時の賃金を除く事項
　　・任意的記載事項
　B．賃金規程において（規程例として、**資料２**（179ページ）の１～３の給与規程参照）
　　・絶対的必要記載事項のうち、賃金
　　・相対的必要記載事項のうち、臨時の賃金（賞与）
　C．退職金規程において（規程例として、**資料３**（201ページ）の退職金規程参照）
　　・相対的必要記載事項のうち、退職金を定めるもの

として解説します。

3．労働条件を規律する法的規律の順位

　労働者の労働条件は、入社時に締結した労働契約によって定められますが、さらに労基法、労契法を中心とする法令が規制し、また労働協約と就業規則が規範的効力によって規律する、という多重構造になっています（図３）。

　それぞれの優劣関係は、労基法92条、93条等に明記されています。

まず「就業規則は、法令又は当該事業場について適用される労働協約に反してはならない」（同92条1項）ので、法令・労働協約が就業規則に優位します。
　次に「就業規則で定める基準に達しない労働条件を定める労働契約は、その部分については無効とする。この場合において無効となった部分は、就業規則で定める基準による」（労契法12条、労基法93条）とあるので、就業規則が労働契約に優位します。
　そして、労働協約が強行法規である労基法に違反すれば効力はありませんので、図3のとおり、法令、労働協約、就業規則、労働契約の順位になります。

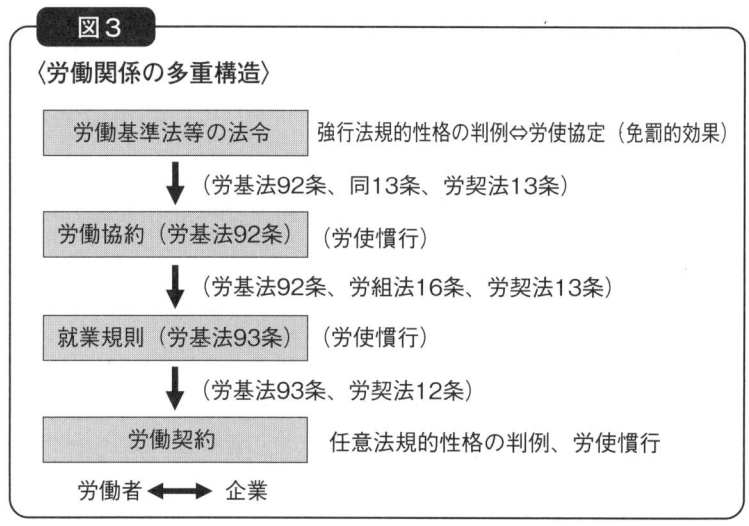

4．就業規則の効力

　就業規則は、前記3のとおり、法令、労働協約に劣位しますが（労基法92条1項、労契法13条）、労働契約には優位（労基法93条、労契法12条）します。

(1) 就業規則と法令、労働協約との効力関係
　就業規則が法令に劣位するのは、労基法等が強行法規であることか

ら当然ですが、労働協約に劣位するのは、労働協約が労働組合と企業との合意によって成立するものに対し、就業規則は企業が一方的に作成するものゆえ、上記合意たる労働協約よりは劣位となるのです。

(2) 就業規則と（個別の）労働契約との効力関係と優位する条件

　他方、企業が一方的に作成する就業規則が労働契約に優位するのは、労基法自体が就業規則の前記の意義（労働条件を集団的・公正に設定し、かつ職場規律を規則として明記することが効率的な事業運営に必要不可欠であること）を認め、その内容の妥当性は、労働者からの意見聴取（労基法90条）と労働基準監督署長（以下、労基署長）の指導等（労基署長への届出義務あり、労基署長には、法令、労働協約違反の場合には就業規則の変更命令権があります。同89条本文、92条2項）によって確保できるものと考えられていたからだと解されます（なお、就業規則の労働契約への拘束力に関し、就業規則を法規範とみるか否かの議論がありますが、本書では深入りしません）。しかし、労働者からの意見聴取義務は、文字どおり、労働者（代表）の意見を聞く義務であって、その意見が就業規則の内容に反映されることは保障されていません。そして、労基署長等の指導に強制力はなく、労基署長の変更命令も当然に就業規則を変更するものではなく、しかも同命令は就業規則の法令・労働協約違反に限定されています。他方で、意見聴取義務や労基署長への届出義務を履行していない就業規則も少なからずありますが、その就業規則とてそれを理由に効力を否定するのは現実的ではありません。

　そこで、判例は、法令所定の周知方法（労基法106条）、意見聴取（同90条）、届出（同89条）を欠く就業規則であっても、労働者に実質的に周知されていれば効力を否定せず（周知を欠くとして効力を否定したものにフジ興産事件　最二小判平15.10.10がありますが、この事案は、法令所定の周知方法（労基法106条）のみならず、実質的周知も欠いており、「周知を欠く」として効力を否定されてもやむを得ないものでした）、その内容に合理性があれば、個々の労働者が現実に知っていたかを問わず、拘束力があるとしています（秋北バス事件　最大判昭43.12.25、電電公社帯広局事件　最一小判昭61.3.13、日立製

作所武蔵工場事件　最一小判平3.11.28)。すなわち、判例の主流は、就業規則の（個別の）労働契約への拘束力を、実質的周知と内容の合理性を条件に肯定しているのです。そして、労契法7条は、この判例法理をそのまま条文化し、就業規則は合理性＋（実質的）周知があれば、その就業規則の定めがそのまま労働契約の内容となる、としています。

　かくして、労働契約のうち、就業規則に定める（合理性＋周知の要件を満たした）労働条件の基準に達しない部分は無効となり（強行的効力）、無効となった部分は、就業規則に定める基準によることになります（直律的効力、以上、労基法93条、労契法12条）。

Ⅱ 就業規則による労働条件の不利益変更

1．労働条件の不利益変更の方法

　わが国では、企業の多くは長期雇用システムを採っていて、18歳ないし22歳で新卒採用後60歳の定年まで雇用する前提で（なお、60歳から65歳までは、高年法９条の３つの雇用確保措置のうちから各企業が選択するもので雇用の確保が図られます。詳しくは、第２章Ⅵ３(1)）、賃金等の人事制度を構築しています。労働者の方も、途中で退職する者は少数で、通常、企業に長期間勤めるものです。

　ところが労働条件は、入社時点の労働契約（及びそれを規律する労働協約と就業規則）によって決められるので、その後の企業を取り巻く環境や企業自体の経営状況の変化により変更する必要が生じます。

　労働条件（労働契約）を変更する方法には、
・就業規則を変更（新設）することによる不利益変更、
・労働協約の締結、
・労働者の個別同意

の３つがありますが、本書では、就業規則を変更（新設）することによる労働条件の不利益変更について、解説します。

2．就業規則による労働条件の不利益変更

　これは、就業規則の個別の労働契約への拘束力を利用して、就業規則を変更することで労働条件を不利益に変更する方法です。

(1)　就業規則による労働条件の不利益変更は判例法理であること

　企業が就業規則を労働者に不利益に変更した場合（又は不利益な規定を新設した場合）、反対の意思を表明する労働者を拘束するかは、就業規則における最大の問題です。

　判例は、「新たな就業規則の作成または変更によって、既得の権利を奪い、労働者に不利益な労働条件を一方的に課することは、原則として、許されない…が、労働条件の集合的処理、特にその統一的かつ画一的な決定を建前とする就業規則の性質からいって、当該規則条項

が合理的なものであるかぎり、個々の労働者において、これに同意しないことを理由として、その適用を拒否することは許されない」(秋北バス事件　最大判昭43.12.25) と、原則として企業による一方的な労働条件の不利益変更の効力を否定しながら、合理性があれば例外的に肯定します。

(2) 判例法理

　最高裁は、同大法廷判決以後も一貫して同判決を踏襲しており、就業規則の規定の不利益変更の拘束力を変更の合理性の有無によって判断するという枠組を確立し、その枠組を具体化することに傾注します。

　大曲市農業協同組合事件(最三小判昭63.2.16)では、この合理性の判断枠組を「右にいう当該規則条項が合理的なものであるとは、当該就業規則の作成又は変更が、その必要性及び内容の両面からみて、それによって労働者が被ることになる不利益の程度を考慮しても、なお当該労使関係における当該条項の法的規制を是認できるだけの合理性を有するものであることをいう」と、合理性判断の枠組を、変更する条項(就業規則)の必要性と内容の合理性(ただし、内容の合理性の判断の中では、労働者の利益との衡量もしている)とそれによって労働者の被る不利益性の利益衡量(相関関係)であることを判示した上、「特に、賃金、退職金など労働者にとって、重要な権利、労働条件に関し実質的な不利益を及ぼす就業規則の作成又は変更については、当該条項が、そのような不利益を労働者に法的に受忍させることを許容できるだけの高度の必要性に基づいた合理的な内容のものである場合において、その効力を生ずるものというべき」として、企業側と労働者側との利益衡量の中で、賃金、退職金等のような労働者にとって重要なもので労働者側の不利益性が大きい場合には、他方の衡量される(企業側の)利益としては、当該(変更)条項が高度の必要性と合理的な内容でなければならない、としています。ただ、合理性の判断枠組が企業側の利益(変更の必要性と内容の合理性)と労働者側の利益(変更によって被る不利益性)の利益衡量(相関関係)である以上、後者が重要な利益(賃金、退職金等)であれば前者も厳格に判

断するのは当然のことですから、「賃金」等以下の判示は確認的なものといえます。

さらに、第四銀行事件（最二小判平9.2.28）は、「合理性の有無は、具体的には、就業規則の変更によって労働者が被る不利益の程度、使用者側の変更の必要性の内容・程度、変更後の就業規則の内容自体の相当性、代償措置その他関連するほかの労働条件の改善状況、労働組合等との交渉の経緯、他の労働組合又は、他の労働者の対応、同種事項に関する我が国社会における一般的状況等を総合考慮して判断すべきである」とします。つまり、企業側の衡量される利益として、「使用者側の変更の必要性の内容・程度、変更後の就業規則の内容自体の相当性」、労働者側の衡量される利益として、「就業規則の変更によって労働者が被る不利益の程度」、「代償措置その他関連するほかの労働条件の改善状況」です。さらにその他、「労働組合等との交渉の経緯、他の労働組合又は、他の労働者の対応、同種事項に関する我が国社会における一般的状況を総合考慮して」判断されることとしています。

このような、判例の合理性の判断枠組を図にすると、図4のようになります。

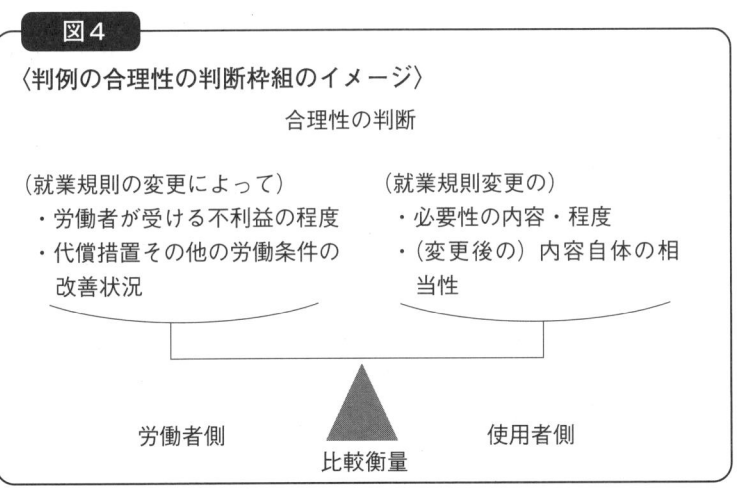

図4

〈判例の合理性の判断枠組のイメージ〉

合理性の判断

（就業規則の変更によって）
・労働者が受ける不利益の程度
・代償措置その他の労働条件の改善状況

（就業規則変更の）
・必要性の内容・程度
・（変更後の）内容自体の相当性

労働者側　　比較衡量　　使用者側

(3) 判例法理は労働契約法に踏襲されたこと

　上記(2)の判例法理、すなわち就業規則の不利益変更による労働条件の変更は、
　・原則　　×
　・例外　　合理性＋周知あれば〇
　その合理性の内容は、
　・変更によって労働者が受ける不利益
　・変更を必要とする使用者の利益（必要性と内容の相当性）
　の相関関係である、
とまとめられますが、それはそのまま労契法9条、10条に反映されています。すなわち、第9条は「使用者は、労働者と合意することなく、就業規則を変更することにより、労働者の不利益に労働契約の内容である労働条件を変更することはできない。但し、次条の場合は、この限りでない。」と、原則×としながら、第10条で「使用者が就業規則の変更により労働条件を変更する場合において、変更後の就業規則を労働者に周知させ、かつ、就業規則の変更が、労働者の受ける不利益の程度、労働条件の変更の必要性、変更後の就業規則の内容の相当性、労働組合等との交渉の状況その他の就業規則の変更に係る事情に照らして合理的なものであるときは、労働契約の内容である労働条件は、当該変更後の就業規則に定めるところによるものとする。」と、例外的に合理性＋周知あれば〇とし、かつ合理性の内容を判例法理と同様の要素で判断する、としています。

　このような就業規則による労働条件の不利益変更の法規制を考えたとき、現実に就業規則で労働条件を不利益に変更するときは、図5の順に検討することになります。

図5

〈労働条件の不利益変更の方法の手順のまとめ〉

(EX.) 賃金制度(労働条件)の不利益変更
　　↓
ⅰ 労働協約を締結…………限界と例外あり
ⅱ 個別の同意
ⅲ 就業規則の不利益変更　←合理性が必要
　　↓
合理性あり──────────→就業規則の不利益変更を実施
合理性ありと言い切れない──→緩和措置を検討する
　　　　　　　　　　　　　　ア　不利益部分の補填
　　　　　　　　　　　　　　　　(EX.調整給等)
　　　　　　　　　　　　　　　　① 全額補填か一部補填か
　　　　　　　　　　　　　　　　② 解消の方法
　　　　　　　　　　　　　　イ　経過措置を設ける

この緩和措置の内容(アの程度、イの期間)は、上記の合理性基準に照らし、「どの程度まですれば合理性ありと言えるのか」の視点から検討する

　就業規則の不利益変更以外の方法、つまりⅰ．労働協約の締結、あるいは、ⅱ．労働者からの個別同意による方法も一応検討し、全労働者に統一的に労働条件を変更するには就業規則の不利益変更以外ないということなら、ⅲ．就業規則の不利益変更で労働条件の変更を実施します。

　その際、第1に、現時点で変更の合理性があるか、をよく見極めます。その判断プロセスは、上述のとおりです(また、より詳しくは下記3を参照して下さい)。

　そして現時点で合理性ありと言い切れないときは、第2に、合理性が確保されるように、その変更する就業規則の内容に工夫を加えます。具体的には、変更によって労働者が受ける不利益と変更したい企業の利益を比較して企業の利益(必要性と内容の相当性)の方が大きい、というのが合理性が肯定される方向なので、その変更によって労働者の受ける不利益を緩和すれば、合理性は肯定されやすくなりま

す。この変更による不利益を緩和する方法には、大別して2つの方法があります。

　・不利益部分を補填する
　・経過措置を設ける

　両者はいずれかでもよいし、両者を組み合わせてもよい（段階的に不利益変更を実施する）のです。どの程度不利益を緩和させるかは、まさに労働者の不利益の大きさと変更の必要性の大きさを比較（衡量）して見極めます。

3．変更する労働条件によって判断が異なる

　就業規則の不利益変更で労働条件を有効に変更するためには、上記2のとおり、変更に合理性が必要です。それは、要するに、その変更によって受ける労働者の不利益の程度と企業の変更の必要性・内容の相関関係（比較衡量）で判断します。したがって、最高裁も指摘するとおり、変更される労働条件の重要度によって判断が異なるといえます。

　賃金や労働時間といった重要な労働条件の不利益は、一般的に不利益の程度は大きいといえます。その中でも、月例賃金、とくに固定的基本的な労働条件になる基本給の不利益変更では、その不利益性の程度はきわめて大きいといえます。そうなると、その変更に合理性が認められるためには、企業側にきわめて高度の（不利益変更の）必要性とその必要性に則った内容の相当性が求められる、という関係になります。

　他方、表彰制度を不利益変更する場合、例えば、10年、20年といった永年勤続につき20万円、50万円の賞金を支給していたのを廃止する場合、表彰制度は労働者のモチベーションを高めるための制度（企業の人事政策の1つ）で、表彰の対象となった労働者はその反射的効果としてその利益（20万円、50万円という賞金）を享受するものです。したがって、その受ける利益は労働者固有の権利、とは言いにくいといえます。そこで、このような表彰制度を廃止等する場合の労働者の不利益は、この反射的利益がなくなるということなので、それほどの不利益とは認められないでしょう。よって、表彰制度の廃止等に何らかの理由があれば、合理性は容易に認められると思われます。

　このように、労働条件を就業規則で変更する場合、不利益になる労働

条件は何かということと、不利益変更する企業の利益を相関的に捉えて総合的にしっかり見極めることが、とにかく大事です。

Ⅲ 企業戦略と就業規則

1．企業戦略と就業規則の関係

　最高裁も判示（国鉄札幌運転区事件　最三小判昭54.10.30）するとおり、企業は、その存立と事業の円滑な運営のために、それを構成する人的要素と物的施設を総合し、合理的・合目的的に配備組織して企業秩序を定立し、その下に活動を行うものです。
　この「人的要素」とは、当該企業と労働関係に入った労働者をいいます。労働者は、企業にとってかけがえのない「人的要素」、つまり戦力です。そして企業は、人的要素である労働者を、「合理的・合目的的に配備組織し…その下に活動を行う」ことで、存続し、成長していくのです。もっとも、企業にはそれぞれ文化があり、成長戦略も企業によって異なります。よって、各企業によって、人的要素である労働者をどう「合理的・合目的的に配備組織する」かは、その企業の文化のもとに策定した戦略によって異なるはずです。
　そして、就業規則は、「労働条件」と「職務規律」を統一的に設定するためのものなので、企業が人的要素である労働者を「合理的・合目的的に配備組織」する上で、きわめて有効な手段となります。換言すると、人的要素である労働者を、各企業の戦略に見合った「合理的・合目的的に配備組織」するためには、就業規則を有効に活用することが不可欠です。

2．企業戦略の就業規則への具体化

　では、企業は、その文化のもとに策定した戦略をどのように就業規則に具体化＝設計（改正）したらよいでしょうか。いくつかの典型例で示したいと思います。

(1)　職場のモチベーションを下げる問題社員を排除したい
　　アグレッシブな文化の企業はもちろん、おっとりした文化の企業でも、職場に労働能力の著しく劣る労働者や勤怠不良の労働者等問題社員がいてそれが常態化していては、職場のモチベーションは保てませ

ん。何らかの対応（労務管理）をしなければ、会社は何を考えているのだ、ということになって組織がガタガタになります。

したがって、職場のモチベーションを下げる問題社員を排除したいと考える（戦略）のは、企業であれば当然です。

そのためには、就業規則の定めが、それを実現できるようなものである必要があります。

具体的には、次の規定を確認し、不備があれば改正等する必要があります。

すなわち、
- 服務規律・・・・・・問題社員への行為規範として穴はないか
- 試用期間の定め・・・試用期間できちんと見極められる設計になっているか
- 懲戒規定・・・・・・適切な処分を迅速に適用できる設計になっているか
- 休職規程・・・・・・私傷病休職は手厚すぎないか
  また、不必要な休職制度はないか
- 人事異動・・・・・・配転だけでなく子会社・関連会社への出向も可能な設計になっているか

(2) 能力（成果）主義に基づいて労働者を処遇したい

アグレッシブな文化の企業において、限られた人件費の枠でより重要な職責を担い成果を出し企業に貢献した労働者に応える待遇を実施したい、との戦略を持つとします。

そうすると、そのような戦略を実施するためには、待遇面を規律する次の規定を中心に設計し、不充分であれば改正等する必要があります。

すなわち、
賃金（給与）規程・・・
- 賃金制度が能力（成果）主義の設計になっているか
- 賞与や昇給についても、企業の広い裁量がある設計になっているか

退職金規程・・・・・
- 退職金の計算も、賃金制度と同じ設計

になっているか

(3) 有期労働者と正社員の役割・待遇を明確に区別したい
　有期労働者と正社員のそれぞれの役割及びそれに伴った待遇を明確に区別したい、と考えた（戦略）とします。
　その場合、
　・役割（担う職務、責任）を明確に区別しているか
　・待遇を正社員の役割との違いを意識して、区別しているか
が、有期労働者に適用する就業規則を設計（具体化）する上での重要なポイントになります。

　このように、企業は、自社の文化や戦略を就業規則に具体化ないし反映させるという強い意識のもと、就業規則を日頃から点検し、変更の必要があれば、適切なタイミング（1月1日とか4月1日とかの区切りの時期）で改正し実施することが必要です。

第2章 狭義の就業規則

Ⅰ 狭義の就業規則を構成する事項

狭義の就業規則を構成する事項は、
・絶対的必要記載事項のうち、賃金を除く事項
・相対的必要記載事項のうち、退職金、臨時の賃金を除く事項
・任意的記載事項
これを、より具体的に項目で挙げると、
　①服務規律
　②採用及び試用
　③人事異動
　④休職
　⑤退職
　⑥労働時間・休憩・休日
　⑦時間外・休日労働
　⑧出退勤
　⑨年次有給休暇
　⑩その他の法定休暇・法定休業
　⑪任意の休暇・休業
　⑫災害補償
　⑬表彰および制裁
　⑭安全衛生
といったところです。

　上記の中で、絶対的必要事項は、⑤退職、⑥労働時間・休憩・休日、⑨年次有給休暇、⑩その他の法定休暇・法定休業、
　相対的必要事項は、①服務規律、③人事異動、④休職、⑦時間外・休日労働、⑧出退勤、⑪任意の休暇・休業、⑫災害補償、⑬表彰および制裁、⑭安全衛生、

任意的必要事項は、②採用及び試用、
です。

　以下では、これらの事項につき、個別に、1．規定化の法的意味、2．規定の戦略的意義、3．規定化の内容、4．規定変更（新設）による労働条件の不利益変更の順で、解説していきます。

II　服務規律

1．規定化の法的意味

　服務規律は、当該企業における労働者の行為規範である性質上全労働者を対象とするので、労基法89条10号（「前各号に掲げるもののほか、当該事業場の労働者のすべてに適用される定め」）に該当し、よって相対的必要記載事項となります。
　したがって、制度化するのであれば、就業規則に明記しなければなりません。

2．規定の戦略的意義

　服務規律は、当該企業が労働者に求める行動を規範（ルール）化するものです。よって、服務規律には、当該企業の文化が反映されるべきであるし、当該企業が成長し続けるために必要な行動が規範として具体化されるべきことになります。
　したがって、市販の就業規則のひな型にある服務規律を参考にしてもよいですが、当該企業が労働者に何を求めるのかを、その企業の文化、戦略から労働者の行動にまで具体化して構成するべきです。

3．規定化の内容

(1)　規定化の方法
　規定化の方法は、
- A．就業規則の「服務規律」の規定なり節で収まるときは、それでまとめる。
- B．上記で収まらなければ、「〜社員一般心得」、「〜社員行動規則」、「職務遂行に関するガイドライン」、あるいは「〜（企業名）の企業理念」に、別途まとめるとともに、それを就業規則の「服務規律」の規定に守るように定める。

　ただ、戦略的配慮として、重要な行為規範、つまり労働者に是非とも守ってもらいたい重要な行動については、「服務規律」の条文の中の1つとして入れるのではなく、独立の条文にすべきです。これによ

って、労働者は、「うちの会社は、この行動（禁止、義務）を重視しているのだな」ということが、分かるのです。そのような行為規範を一般的に挙げると、秘密保持義務、ハラスメントの禁止、情報機器の私的利用の禁止、といったものが挙げられます。

＜A　服務規律でまとめる例＞
（遵守事項）
　第18条　社員は、業務の正常な運営を図るため、次の各号を守らなければならない。
　　①　勤務中は自己の職務に専念し、許可なく外出しないこと
　　②　職場の風紀又は秩序を乱すような行為をしないこと
　　③　セクシャルハラスメントに該当するか又は疑われるような行為をしないこと
　　④　会社の内外を問わずまた在職中のみならず退職後も、業務上の機密事項又は会社の不利益となるような事項を他に漏らさぬこと
　　⑤　常に品位を持ち、会社の名誉を害したり信用を傷つけるような行為又は会社の不利益となるような行為をしないこと
　　⑥　会社の設備、車両、機械、器具及びその他備品は善良なる管理者の注意義務をもって扱い、その保管を厳にすること
　　⑦　許可なく職務以外の目的で会社の設備、車両、機械、器具及びその他備品を使用しないこと
　　⑧　許可なく会社の文書・帳票、電子データ及びその他備品の社外への持ち出し又は送信をしないこと
　　⑨　社員としての地位を利用し取引先又は関係業者等から金銭又は物品の贈与、借用もしくは供応その他の利益を受けたり、あるいはこれらの要求、約束もしくはこれらの行為の仲介をしないこと
　　⑩　法令で認められた場合を除き、業務に関して取得した取引先もしくは当社の未公表の重要情報を知りつつ取引先も

しくは当社の株式等を取引したり、又は取引先もしくは当社の重要情報をみだりに他に伝達しないこと
⑪ 社命によらず又は許可なく、他の会社の役員又は従業員となり、あるいは営利を目的とする社外の業務に従事しないこと
⑫ 許可なく社内において宗教活動又は政治活動など業務に関係のない活動を行わないこと
⑬ 許可なく社内において業務に関係のない集会、文書掲示、配布又は放送などの行為を行わないこと
⑭ 社員は、退職後6ヵ月以内に競業他社に就業しあるいは自ら競業を営む場合には、事前に会社に通知し了解を得なければならない

＜B 別規程化し、重要なものだけ服務規律に定める例＞

第○章　服　務　規　律

（服務の本旨）

第18条　職員は、「××職員一般心得」、「××職員一般守則」及び「××管理職としての心得」の主旨に則り、全力を挙げてその職務を遂行しなければならない。

（セクシャルハラスメント）

第19条　職員は、以下に該当することのないようにしなければならない。
① むやみに身体に接触したりするなど職場での性的な言動によって、他人に不快な思いをさせることや、職場の環境を悪くすること
② 服務中の他の職員の業務に支障を与えるような性的関心を示したり、性的行為をすること
③ 職責を利用して交際を強要したり、性的関係を強要すること

（秘密保持義務）

第20条　職員は、在職中知り得た秘密を在職中はもちろん退職後

> も、他に漏らしてはならない。

(2) 秘密保持義務について

　在職中の秘密保持義務は、労働者の誠実義務の1つの内容として認められます（特に就業規則等に明記しなくとも、労働者は在職中は秘密保持義務を負っていると考えられています）。

　退職後も、秘密保持義務は、労働者の職業選択の自由と両立する（労働者が転職しても、転職先で、転職前の会社との秘密保持義務を遵守することは可能）ので、負担させても無効とはなりません。

　よって、在職中だけではなく、退職後も秘密保持義務を負わせるのが妥当です。通常は、前記Bの例の20条のようにします。

〈秘密保持義務と競業避止義務〉

		秘密保持義務	競業避止義務
共通点		企業の営業の自由が根拠	同左
相違点		労働者の職業選択の自由への制約は軽微	労働者の職業選択の自由への制約は重大、特に、退職後
有効性	在職中	○	原則として、○
	退職後	原則として、○	利益衡量で有効性の有無、有効な範囲（期間、地域等）が判断される

(3) 競業避止義務について

　在職中の競業避止義務は、労働者の誠実義務の1つの内容として認められます（特に就業規則等に明記しなくとも、労働者は在職中は競業避止義務を負っていると考えられています）。

　しかし、退職後の競業避止義務は、秘密保持義務と異なり、労働者の職業選択の自由（憲法22条）と両立しにくいことから、これを特約で負わせても、裁判例により大幅な制約がされます。ただ、初めからあきらめるのではなく、事前申請の許可制にする等で両者の調整を考えるのがよいでしょう。制度化するなら、次のようにします。

＜競業避止義務規定例＞
（競業規制）
　第○条　社員は、退職後６ヵ月以内に競業他社に就業し、あるいは自ら競業を営む場合には、事前に会社に通知した上で了解を得なければならない。

(4)　情報機器使用規程

　企業は、事業する上で多くの情報機器を購入し、それを労働者に貸し付けてその事業に従事させます。その際には、情報機器を利用する上でのルールを作る必要があります。それをしないと、休憩時間中や所定労働時間終了後の私的利用は最低限許され、その限りで労働者のプライバシーは保護される、という評価をされかねません（F社Z事業部「電子メール」事件　東京地判平13.12.3、日経クイック情報事件　東京地判平14.2.26、グレイワールド事件　東京地判平15.9.22、労働政策研究・研修機構事件　東京地判平16.9.13）。そうなると、当該労働者を巡って個別紛争が生じているとき（例えば、機密の漏洩疑惑、セクハラ・パワハラ疑惑）、当該労働者のPC等を調査することに同意が必要とか、正当な目的に見合った相当な範囲といった制限が課されます。つまり、思いどおりの調査ができません。筆者は、企業が100％お金を出して購入した情報機器なのに、どうしてそのような規制を受けなければならないのか、と思います。そのような事態にならないためにも、情報機器使用規程、そしてその中で私的使用の禁止と企業の調査権の設定をしておくべきです。例えば、次の規程を作成します。

＜情報機器使用規程例＞
　　　　　　　　　　情報機器使用規程
　会社は、会社が社員に貸与する情報機器の使用について、次のとおり定める。

　　第１．会社の情報機器であること

1．会社は業務遂行のため情報機器を保有しており、いずれもが会社の財産です。
2．会社の情報機器で作成・送受信された内容も、会社の財産であり、社員の財産ではありません。

第2．社員の遵守義務
1．会社の情報機器は、私用に使ってはなりません。
2．会社の情報機器は、商業、宗教および政治的理由、外部の組織のため、あるいは業務に関連しないことに用いてはいけません。
3．会社の情報機器は、中傷的、破壊的な表現内容を作成するために用いてはいけません。
4．会社の情報機器を使用して、事前の許可なく著作権、企業秘密、企業の財務情報およびこれらと同様の資料・情報を送受信（アップロード・ダウンロード）してはいけません。

第3．社員のプライバシーはないこと
　情報機器を使って取得しあるいは送受信したいかなる情報もその社員にプライバシーはありません。情報が消去されても、会社はその情報を復旧して読むこともあります。パスワードがあったとしても、同様です。

第4．会社の権利
　会社は、会社の情報機器を使って作成・送受信されたいかなる情報内容も、検閲、検査、傍受、利用、公開する権利をもちます。業務目的で取得された音声および電子メールは、社員の許可なしで公開されることがあります。

第5．他の社員の遵守義務
　当該情報機器を使った情報は、同機器の使用者によってのみ利用され、他の社員には機密として扱われます。他の社員がその情報を取得することは、禁止されます。

第6．違反した場合の対応
　本規程に違反するか、あるいは不当な目的のために会社の情報機器を使用した場合は、解雇を含めた厳重な制裁処

分の対象となります。

なお、かかる規定・規程（本書では、条文を規定、条文のまとまりを規程と表します）の有無がどういう差異をもたらすかを示すと、下表のとおりとなります。

〈メール・インターネットの私的使用とメールの調査等の可否〉

	情報機器使用規程を設け、その中で私的使用禁止規定があり、調査等の要件と権限を定めている場合	左の規程なし
メール等の私的使用	×	原則×、例外○（軽微な私的使用）
メールの調査等の可否	可能	業務上の必要性・合理性と態様の相当性（調査される側の不利益との比較衡量）があれば、可能

4．規定変更（新設）による労働条件の不利益変更

　一度、就業規則で定めた服務規律を追加・変更することは、当該企業に雇われた労働者として守るべき行為規範の変更なので、当然不利益変更の問題です。

　しかし、その追加・変更の理由がそれなりにあるのであれば、行為規範の変更が労働者に与える不利益は、賃金等の労働条件に比べれば軽いものであり、合理性は肯定されるものと考えます。

III 採用及び試用

1. 規定化の法的意味

　採用及び試用は、企業が労働者と労働契約を締結する際の手続等を定めるものなので、労基法89条10号の「当該事業場の労働者のすべてに適用される定め」にはあたらず、相対的必要記載事項ではなく、任意的記載事項です。

　よって、厳密には就業規則に明記する必要はありませんが、明記することでよりクリアーになるので、多くの企業では就業規則に明記しています。

2. 規定の戦略的意義

　採用及び試用の中で特に戦略的意義のあるのは、試用の規定です。すなわち、試用は、一旦採用した者がはたして当該企業の構成員としてふさわしいか否かを、実際に働かせることで見極め、ふさわしくないと判断したときは辞めてもらうことを容易にする意義があります。

　判例（三菱樹脂事件　最大判昭48.12.12）は、試用制度は各企業毎に異なるものなので一律には評価できないが、本採用拒否がほとんどない企業における試用制度では、試用から本採用後は一本の労働契約で、ただ試用期間中は通常の解雇権より広い留保解約権がある、と判示しています。

3. 規定化の内容

　採用及び試用の中で、採用の手続については、それほど神経を使う必要はありません。他方、試用の規定は、上記のとおり、留保解約権の行使、つまり試用期間中の解雇ないし本採用拒否が、本採用後の解雇に比べ企業にとってハードルが低いので、それを有効に機能させるため神経を使った設計（規定化）が必要です。

　主なポイントは、次のとおりです。
・試用期間をどのくらいにするか。
・延長規定を入れるか。

・適格性がなければ、試用期間中に解雇されあるいは試用期間満了時に本採用とならないこと（留保解約権の行使）の明記
・試用期間の扱い
これらの点を考慮して規定化すると、次のようになります。

> ＜試用の規定例＞
> 　第○条　試用
> 　　1　採用された者については、雇用開始日から６ヵ月の期間を試用期間とする。但し、会社が必要と認めた場合、３ヵ月を限度として試用期間を延長できる。
> 　　2　会社は、試用期間中社員として不適格であると判断した者を、試用期間中の任意の時点、あるいは試用期間の終了時に解雇することができる。
> 　　3　試用期間は勤続年数に通算する。

上記規定例を参考に、それぞれのポイントを解説します。
・試　用　期　間：正社員としての適格性があるかを見極める期間なので、それに必要な期間を設定します。３ヵ月や６ヵ月が多いです。当該企業が見極めるのに、例えば、経理なら１ヵ月、営業なら６ヵ月と期間が異なるなら、試用期間は長い方に合わせて６ヵ月とし、その期間内に見極められれば短縮する、とすればよいでしょう。つまり、長めにとっておいて不要なら短縮する、という発想です。
・延　長　規　定：当初の試用期間内で見極められないときのために、延長できることを定めておく必要があります。ただ、試用期間は不安定なので、延長の限度期間を、例えば、「３ヵ月を限度として」というように、明記しておく必要があります。限度期間を明記せず、ただ「延長することがある」とするのは、問題とされやすいです。
　　　　　　　　　そして、運用では、初めからその限度期間まで延

長するのではなく、まず1ヵ月延長し、その1ヵ月間で見極められなかったらさらに1ヵ月、というように、短めにこま切れに延長するのがよいでしょう。

・留保解約権：本採用後の解雇権より広い権利ですから、解雇の規定の中の解雇事由の1つとするのではなく、試用の規定の中にいわば自己完結的に規定するのがよいでしょう。規定例の2項のようにです。

・試用期間の扱い：処遇上、試用期間を本採用後の勤務期間と同様に扱う（通算する）か否かです。通常は、同様に扱います。その結果、退職金の計算では、試用期間は算入して計算します。他方、年次有給休暇（以下、年休）の計算では、勤務の実態に基づいて計算されるので、就業規則にどう規定されようが、試用期間は「6ヵ月間継続勤務」の中に入ってきます（昭63.3.14基発150号）。

・そ　の　他：年休を入社時から付与したり、私傷病休職制度に何も制限を付けないと、これらは試用期間中の労働者にも適用されることになります。つまり、試用期間中に自由に年休を取得し、私傷病休職の適用を受けられるのです。しかし、試用期間は、いわばテスト期間であり、年休を普通に取ったり、長期療養が必要になったら休職できる期間ではないはずです。

　　そこで、私傷病休職は任意の制度（設計自由）で対象者も自由に決められるので、勤続1年未満の労働者は対象外とすべきです（休職の箇所で改めて説明します）。

　　年休についても、入社時から付与するのは、労基法39条を上回る労働条件であり労基法の規制を受けず設計自由なので、せめて試用期間中の年休の取得は企業の同意（時季変更権ではなく）が必要とし、テストの見極めに支障が生ずるときには不同意にできるようにしておくことをお勧めします。

4．規定変更（新設）による労働条件の不利益変更

　採用及び試用の定めは、労働契約を締結する際の手続等の定めであり、その定めを変更しても、既得の労働条件の不利益変更とはならないのが原則です。なぜなら、採用及び試用の定めを変更しても、これからその企業に応募し採用される者が対象になるだけであって、不利益変更ではないからです。

　したがって、原則として、変更の必要が生じたときは、企業は自由に変更してよいのです。ただ、現在の内定者ないし試用期間中の者に対して試用期間を変更するのは、さすがに不利益変更の問題となります。例えば、それまで3ヵ月の試用期間だったのを6ヵ月の試用制度に変更し、入社3ヵ月目の労働者にそれを適用するケースなどです。よって、変更する際、この者を適用除外にするのが妥当です。

Ⅳ 人事異動

1．規定化の法的意味

　人事異動は、同一企業内の人事異動である配転、異なる企業への人事異動である出向、転籍を含む広い概念です。企業に採用され労働関係が展開される労働者全員に対し、企業が労働者の職務・地域等を変更できる旨の定めなので、労基法89条10号の「当該事業場の労働者のすべてに適用される定め」であって、相対的必要記載事項です。
　よって、就業規則に明記する必要があります。

〈人事異動の種類〉
甲企業にいた労働者が配転、（乙企業へ）出向・転籍する場合の対比

	配 転	出 向	転 籍
在籍関係	甲企業	甲企業 （出向元）	乙企業
労務提供	甲企業	乙企業 （出向先）	乙企業

2．規定の戦略的意義

　解雇権が大幅に規制（労契法16条）されるわが国の労働法制のもと、一旦採用した労働者を人事異動させられることは、非常に重要です。法規制も裁判例も、企業に業務上の必要性があれば、労働者によほど不利益が生じない限り、企業の異動命令権を尊重します（労契法3条5項、14条、東亜ペイント事件　最二小判昭61.7.14）。
　もっとも、同じ人事異動でも、配転と出向さらには転籍では、類型的に労働者に与える不利益は異なるので、それらに配慮した規定化をしないと、上記法規制、裁判例により、その命令の効力が否定されます。すなわち、配転は、同一企業内の人事異動なので、労働者は配転がありうることを予想して入社するし、配転では、通常、労働条件で不利益は生じない（理論的には、就業規則は事業場単位なので、事業場毎に労働条件を異にすることは可能ですが、企業は、定期的に自己の労働者を配転

することを前提に、労働条件を統一的に設定しています）ので、せいぜい配転に伴う生活上の不利益が労働者に大きすぎないか、がポイントです。ところが、出向は、異なる企業への人事異動なので、労働者は出向がありうることは当然に予想していないし、出向によって労働条件上の不利益は不可避的に生じます（別企業なので、労働時間等の労働義務の枠組や賃金体系等、本質的な部分が異なります）。よって、出向では出向する労働者の不利益を充分に配慮することが求められます。

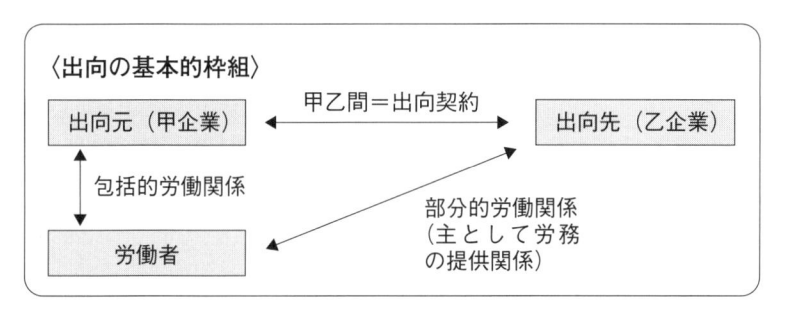

〈出向の基本的枠組〉

出向元（甲企業）　　甲乙間＝出向契約　　出向先（乙企業）

包括的労働関係

労働者　　部分的労働関係（主として労務の提供関係）

さらに、転籍に至っては、異なる企業へ在籍関係までが異動し、異動後に転籍先が倒産しても元の企業には戻れず失職するので、転籍者には決定的な不利益が生じます。よって、その点の配慮を充分にすることが求められるのです。到底、就業規則に明記するだけで一方的に転籍を命ずることはできないのです。

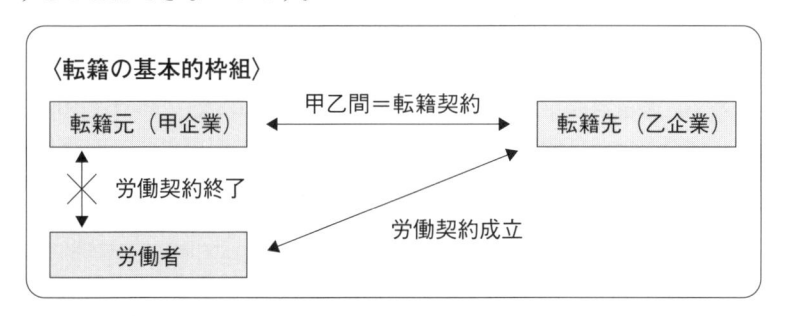

〈転籍の基本的枠組〉

転籍元（甲企業）　　甲乙間＝転籍契約　　転籍先（乙企業）

労働契約終了

労働者　　労働契約成立

3．規定化の内容

(1) 配転（降格も含む）

同一企業内の人事異動で労働条件上の不利益も生じにくい配転にお

いては、通常、配転がありうることの一文（資料1　第11条参照（168ページ））で、充分、企業の配転命令権は根拠づけられます。

あとは、運用（配転命令権の行使）が権利濫用法理（前掲東亜ペイント事件）によって規制されることに、注意して下さい。念のため、最高裁の配転（命令）権への権利濫用の判断枠組を示すと、次のとおりです。

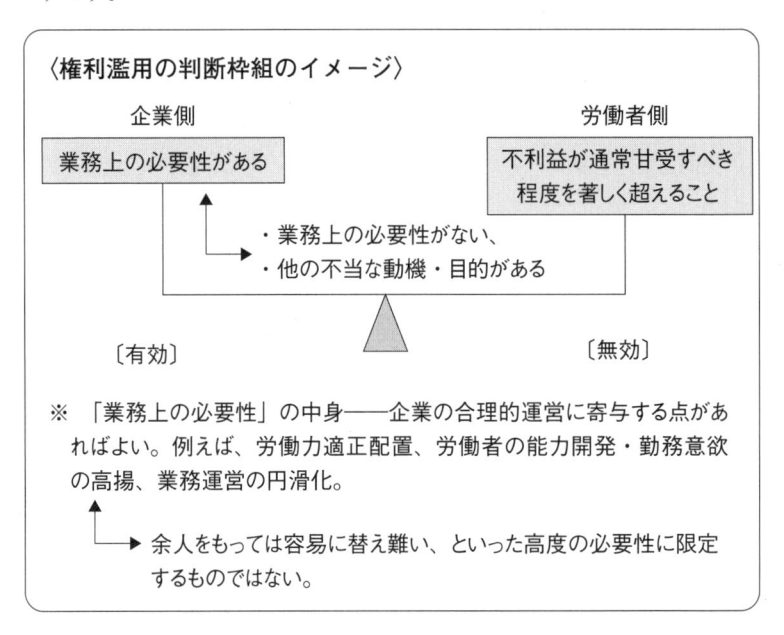

〈権利濫用の判断枠組のイメージ〉

企業側　　　　　　　　　　　　　労働者側

業務上の必要性がある　　　　　不利益が通常甘受すべき
　　　　　　　　　　　　　　　程度を著しく超えること

　　　　　　・業務上の必要性がない、
　　　　　　・他の不当な動機・目的がある

〔有効〕　　　　　　　　　　　　〔無効〕

※　「業務上の必要性」の中身──企業の合理的運営に寄与する点があればよい。例えば、労働力適正配置、労働者の能力開発・勤務意欲の高揚、業務運営の円滑化。

　　→　余人をもっては容易に替え難い、といった高度の必要性に限定するものではない。

なお、最近降格をめぐる紛争が多発しているので、この点を説明します。降格は、通常、役職や職務を下位のそれに異動される人事上の処分であり、配転の一種です。配転という言葉は、通常、同一企業内の横の人事異動ですが、降格は、それが縦でかつ下に異動（上が昇進、昇格）する点に、違いがあります。

したがって、配転（命令）権と同様の観点から、企業の降格（命令）権は認められます。つまり、就業規則の異動のところに一文あれば、認められます。ただ、降格に伴って賃金等処遇が低下する場合（降格＝賃金の低下か否かは、当該企業の賃金制度の設計次第です）には、運用において上記権利濫用法理が適用されるので、労働者に与える処

遇面での不利益が大きい降格では、配転より権利濫用の有無は厳格に判断されますので、その点は、注意が必要です。

(2) 出向（いわゆる在籍出向）

　籍を残したままとはいえ異なる企業への人事異動である出向では、その企業に入社した労働者は、当然には将来出向があることは予想しておらず、また、いざ出向となったとき、出向先の労働条件は出向元と異なることから労働条件上の不利益が生じやすいので、それらを就業規則において手当することが必要です。

　具体的には、次の2点です。

　第1に、出向命令権は、人事異動の規定の箇所に正面から明記する必要があります。最高裁（日東タイヤ事件　最二小判昭48.10.19）は、休職事由の中に出向とあることで出向を命じた事案において、明文の規定が必要、として当該規定（休職事由の中に出向とあること）では出向命令権は認められない、としました。

　第2に、出向者への出向発令、出向中の処遇、そして復帰に関し基本的な条件を明記する必要があります。これは、出向命令権の要件か、あるいは（出向も配転と同様に権利濫用法理で規制されますが）権利濫用判断の要素かは、争いがありますが（新日本製鐵〔日鐵運輸第2〕事件　最二小判平15.4.18の判旨をどう読むかの争いでもあります）、いずれにしても、基本的な条件を出向規程を設けて明記することは、出向を巡る労務管理を安定させます（資料4参照（205ページ））。

(3) 転籍

　（異なる企業に籍まで異動する）転籍における労働者の不利益は、異動先の企業が倒産しても元には戻れないという根本的なものなので、企業の一方的命令でできるわけもなく、いかに就業規則等に明記しても、定めのとおりに効力は生じません（唯一、転籍命令を有効とした日立精機事件　千葉地判昭56.5.25は、実質、出向のような転籍でした）。

　もっとも、最近の問題として、グループ企業間で転籍することを予定して採用するケースが増えています。その前提は、グループ企業の

それぞれの労働条件はほぼ共通で、いずれの企業も同程度の優良企業で上記の根本的不利益（倒産したとき戻る企業がない）は心配する必要がない、というものであったりします。

そのようなケースでは、労働者がそのグループ企業（のいずれか）への入社にあたって、定期的（or 将来の然るべき時期）に転籍がありうることを了承した上で入社したのであれば、このグループ会社間の転籍が出向に近いものであることも合わせ考えると、グループ企業各社への転籍命令権は有効に根拠付けられる余地はある、と考えます。

以上の例外を除き、転籍を規定化しても、転籍命令権を創設することはできず、転籍時点で、個別に合意することで実施することになります（資料5　転籍合意書参照（207ページ））。

4．規定変更（新設）による労働条件の不利益変更

ここでは、
・配転、出向、転籍の根拠規定の新設の場合、
あるいは
・配転、出向、転籍する場合の労働条件が不利益に変更される場合、
が想定されます。

ただ、転籍については、転籍時点の個別合意で実施するものなので、転籍命令の根拠規定を新設しても意味はなく、さらに、転籍時点の「労働条件の不利益変更」は、まさにその点につき転籍時点で個別同意を取るので、いずれも検討する必要はありません。よって、転籍は、本問の検討から除きます。

(1) 配転
　ア．根拠規定の新設
　　配転命令権自体、就業規則上の根拠がなくても根拠付けられる（総合職等）ことが多いので、その新設は不利益とはなりにくいといえます。ただ、場所の移転（例えば、広島→名古屋等）を伴うときは、たしかに生活上の不利益は生じうるので、その点では不利益変更といえなくはありません。もっとも、配転命令に対しては権利濫用法

理（前掲東亜ペイント事件、労契法3条5項）が確立していて、その中で労働者の不利益を考慮することが可能であり、その限りで労働者保護は一定限図られます。したがって、配転命令権新設によって労働者が受ける不利益はそれほどではない、といえます。よって、企業に配転（命令権）を新設する何らかの必要があれば、容易に合理性は認められるでしょう。

イ．配転に伴う労働条件の変更

　配転に伴う労働条件が不利益に変更されるといっても、賃金、労働時間等は同一企業内である以上、通常は共通なので、そういった労働条件が配転に伴って不利益に変更されること自体考えにくいです。ありうるのは、遠隔への転勤の際単身赴任手当等があったのが廃止等不利益に変更された、といったケースです。その単身赴任手当の廃止のケースは、たしかに、労働条件の不利益変更といえます。ただ、この場合も、権利濫用判断の中で、配転命令を受けた労働者に通常甘受すべき不利益を超える不利益が発生したか否かで、考慮することが可能です。したがって、前記アの論点と同様、合理性は認められ、ただ、配転命令の権利濫用の判断の中で、単身赴任手当がないことが、不利益性の程度の点でより慎重に検討されるでしょう。

(2) 出向

ア．根拠規定の新設

　異なる企業への人事異動である出向では、出向命令権の新設も、出向の際の出向条件の変更も、労働条件の不利益変更の問題となりえます。

　出向命令権の新設については、ゴールドマリタイム事件（最二小判平4.1.24）があります。同事件は、それまで就業規則になかった出向規定を昭和57年9月1日施行の改正就業規則に定め、懲戒事由の1つとして「正当な理由なく出向を拒んだとき」と入れたことの効力が、争われました。なお、労働協約には出向規定があり、労働者は昭和53年頃管理職になって組合を脱退したが、協約締結時、組合の執行委員長であった、という事案でした。最高裁は、合理性を

肯定した上で、会社の出向命令を権利の濫用とした原判決を支持し、上告を棄却しました。その原判決の理由は、不利益性については、新たに出向に関する規定を設けたのは、労働条件の不利益変更にあたる。しかし、合理性については、
・規定内容が（元々あった）労働協約に基づくものであること、
・内容も出向先を限定し、出向社員の身分、待遇等を明確に定め、保障する合理的なもの、
・関連企業との提携強化を図る必要が増大したこと、
から、この新設という不利益変更自体の合理性はある、と肯定しました。

　筆者も、この判断に賛成です。なぜなら、配転と同様、出向においても権利濫用法理（労契法14条）が確立していてその中で労働者の不利益は考慮されている以上、出向（命令権）の新設を認めても労働者の不利益はさほどではなく、よって、企業に出向制度を新設する何らかの必要があれば、合理性は認められると考えられるからです。

イ．出向に伴う労働条件の変更

　例えば、資料4（205ページ）の出向規程の中を不利益に変更（例えば、出向期間の3年→5年に長くする等）する場合です。

　やはり、配転のイの論点と同様で、出向規程自体の不利益変更は、合理性を肯定してよく、その代わり、出向命令権の権利濫用の判断の中の、労働者の不利益の程度の点で、慎重に検討されるべきことになると考えます。

V 休職

1. 規定化の法的意味

休職とは、ある労働者に労務への従事を不能（又は不適当）とする事由が生じた場合に、企業がその労働者に対し労働契約は維持しながら労務への従事を免除または禁止することです。

休職制度は、法令に別段定めがあるわけではなく、企業が人事管理の観点から創設した任意の制度で、さまざまな種類があり、私傷病休職、事故欠勤休職、起訴休職、出向休職、自己都合休職、組合専従休職、企業が必要と認めた場合の休職があります。休職は任意の制度ですから、設けなくてもよいし、設ける際もどのような種類の休職をどのような要件、待遇とするかも、基本的には企業の裁量に属します。

そして、休職の定めは、労基法89条10号の「当該事業場の労働者のすべてに適用される定めをする場合」で、相対的必要記載事項です（ただし、休職期間満了で復職できないときに退職となる部分は、退職に関する事項となり、絶対的必要記載事項となります）。

2. 規定の戦略的意義

(1) 私傷病休職

戦略的意義を有するのは、私傷病休職です。長期雇用システムを採るわが国の企業において、長い職業人人生の中で、健康を害して働けなくなることは誰にでもありうるので、その場合、福利厚生の観点から、労働者に一定の期間（休職期間）、療養の機会を与え、いたずらに退職とならないようにしようというのが休職の意義です。

ただ、この「福利厚生の観点から」という目的は、もう少し深く戦略的意義づけの検討が必要です。すなわち、企業が会社といった営利企業なら、本来的に営利を目的とする以上、その目的に合致する範囲での福利厚生の観点からの配慮になります。つまり、会社は福祉法人（公益法人）ではないので、病気になった労働者を一生（あるいは長期）面倒を見るのは営利法人としての目的にはないのです。会社の本来的な存在意義は、たくさん利益を上げ、それをよく働く労働者にた

くさん還元し、株主にたくさん配当し、国にたくさん税金を納めるというものです。全く働けなくなった労働者を救済・保護するのは、その税金を徴収した国であり地方公共団体の役割なのです（憲法25条参照）。多くの営利法人たる会社が福利厚生の観点から私傷病休職を制度化するのは、それが営利目的に合致するからであり、その限りにおいてです。すなわち、長期雇用を前提に多くの時間とコストをかけて教育・訓練してきた労働者を一時的な病気で退職させたとしたら、投下した資本が回収できず無駄になるので、一定期間療養すれば治るならそれまで待とう、ということです。さらには、一時的な病気で退職せざるを得ないことを他の労働者が見たとき、それらの労働者は、自分の勤める会社は冷たい会社だと思って安心して働くことができなくなります。そのため、会社は、福利厚生の観点から、病気で働けなくても一定期間は失職しないように制度を整え、病気になっても大丈夫だから安心して働いて下さい、とシグナルを送り、当該企業にいる労働者全体のモチベーションを維持し、精勤を確保し、生産性を上げようとするのです。

　企業が学校法人や医療法人等の公益法人においても、戦略的な意義づけの検討は、同様に必要です。これらの法人では、いかに公益目的だからといって、自己の雇用する労働者を一生面倒みるべきだというのは、全くの論理の飛躍です。学校法人の公益とは、社会の中で希望する人（学生、生徒）に教育（さらには研究）を受けさせるという目的の限りでの公益です。病気で働けない労働者の面倒を一生みることなど、学校法人の公益目的には入りません。医療法人の公益性とて、社会一般の患者さんを治療して治す、という目的の限りでの公益であり、病気で働けない労働者の面倒を一生みることなど、医療法人の公益目的には入りません。もちろん労働者がその医療法人に患者として通院すれば、同法人は、患者としての労働者を治療することが公益目的に入りますが、それと、労働契約を維持し続けなければならないというのは、全く別のことです。

　このように、私傷病休職を制度化する上で、きちんと当該企業の戦略的意義から位置づけて設計すべきであり、いたずらに福利厚生の観点だけから制度設計のアプローチをすると、際限がなくなります。後

で不都合が生じ、手厚すぎた内容を変更したいと思っても、労働条件の不利益変更の問題が待っています。

(2) その他の休職

筆者は、前記1で挙げたその他の休職のうち、制度化してもよいのは出向休職くらいで、あとは「企業が必要と認めた場合休職を命ずる」（包括的休職事由）というのを制度化すれば（休職事由の中に入れれば）、個別に長期欠勤が必要なケースへは充分対応ができる、と考えています。

3．規定化の内容

私傷病休職を中心に、解説します。

(1) 必ず規定化すべき事項

この規定化にあたっての視点は、直接的には福利厚生の観点ですが、本来的にはその企業の事業目的からの位置付けとその限りの内容（詳しくは前記2）となります。

①休職制度の対象者は、正社員に限る。ただし、勤続1年未満は、対象外とする。

②休職期間は、在職期間に応じて設定するか否かを検討する（一律の期間でも、もちろん可）。

③休職期間中は、無給を原則とし、賞与の支給対象期間からもはずす。また、休職期間は退職金の算定基礎には入れない。

といったところです。

①休職制度の対象者を、正社員に、しかも勤続1年未満は対象外とするのは、長期雇用システムのもと福利厚生の観点から私傷病休職制度があるからです。つまり、長期雇用システムのもとにおいては、福利厚生制度である私傷病休職制度の対象としては、正社員に限り契約社員は除き、しかも正社員の中でも勤続が1年に達しないものについては除こう、というのが一般的です。

②休職期間を在職期間に応じて設定するかを検討する、というのも、上記①と同様、長期雇用システムにおける福利厚生の観点からの

考えです。つまり、長期雇用システムのもとにおいては、解雇の猶予である私傷病休職期間は、在職期間が長い者には長い休職期間を設定し、在職期間が短い者には短い休職期間を設定する、ということになります。例えば、下表のとおりです。

```
＜休職期間の設計例＞
①勤続１年以上３年未満の者        ６ヵ月
②勤続３年以上５年未満の者        １年
③勤続５年以上の者              １年６ヵ月
```

　もちろん、一律の休職期間でも有効です（資料１　第13条（168ページ）参照）
　③休職期間中の処遇は、給与は原則無給とし、賞与についてはその支給対象期間からはずし、また退職金の算定基礎から除く、というのが通常の取り扱いです。これは、休職期間中は、当然のことながら、労務の提供ができない以上、ノーワーク・ノーペイの考え方に則って、月例賃金は不発生、賞与も支給しない、退職金も算定基礎には入れない、ということです。
　ただ、企業によっては福利厚生の観点から一定の期間、例えば、休職期間の最初の１ヵ月とか３ヵ月を有給にする制度設計もあり得ます。それは、企業の財務の余裕の有無によって各自が判断することです。

(2)　規定化した方がよい事項
　その他是非入れておくべき事項として、次の事項があります。
　④復職の条件・判断
　　休職規程には、
　　ⅰ「復職においては産業医ないし産業医の推薦する医師の診断書の提出が必要である」旨、
　　さらには、
　　ⅱ「復職が可能かは、産業医の診断結果に基づいて会社が判断する」旨

の規定を入れておくべきです。以下、その理由を説明します。

　休職規定に上記ⅰ、ⅱの規定を入れるのは、復職にあたって治癒しているかどうかの判断で紛争になることが非常に多いからです。すなわち、休職者は主治医の診断書を提出し、主治医が治癒しているから自分は復帰できると訴えて復職を求めます。他方、企業は、その診断書の内容が不自然であるということで、セカンドオピニオンをとって復職が可能かどうかを判断したいと考えます。

　このため、前記ⅰのとおり、まず、主治医の診断書だけでは復職は認めない、産業医もしくはその指定するあるいは推薦する医師の診断書が必要であることを明記することで、その復職に当たっての資料をめぐる紛争を回避するのです。

　前記ⅱは、復職の有無の判断者を明記するということです。つまり、企業が最終的に復職の有無を判断することを明記し、復職の有無をめぐる紛争をできるだけ少なくしようということです。理論的には、人事権を有し安全配慮義務を負う企業が復職の有無の判断をするのですが、それを誤解のないように明記するのです。

⑤リハビリ勤務期間の処遇

　このリハビリ勤務は、債務の本旨に従った労務の提供（民法415条）ではないとも考えられ、休職前の賃金を100％支給する義務はないのですが、賃金等の処遇内容を就業規則に明記しておいた方が、紛争を予防します。具体的な金額を明記することができない場合でも、最低限、賃金等を決める考え方を明記し、具体的金額は当該労働者と協議して決める旨くらいは、定める必要があります。

⑥通算規定

　「〇ヵ月以内に同一又は類似の傷病で欠勤するときは通算する」旨の規定（通算規定）は入れておくべきです。これは、休職期間満了間近にかかりつけの医師の診断書を提出して復職したが、1～2ヵ月後再び病気欠勤となり、再度休職となるケースがあります。私傷病休職制度を悪用している場合もあり、それに対応するためです。

　仮に、既存の就業規則に通算規定がなかったとき、改定によって同規定を入れることは、いわゆる就業規則の不利益変更の問題とな

ります。しかし、前記内容程度の改正（追加）であれば、それは病気休職制度の濫用防止ですから、合理性は認められるでしょう。

(3) 規定例

休職の規定例は、資料1に第12条以下として就業規則の中に定める例を掲げましたが（168ページ）、別規程にする企業も多いので、一般的な休職規程を、資料6（209ページ）として掲載しました。

4．規定変更（新設）による労働条件の不利益変更

最近、手厚すぎた私傷病休職制度を変更したい、という企業が多いです。

その中でも、
・（休職の前提となる）欠勤期間や休職期間自体を短縮したい
・同期間の有給を廃止・縮少したい
というものです。

これらの不利益変更で、検討すべき点を解説します。

まず、現に私傷病になって働けなくなっている労働者だけでなく、健康でバリバリ働いている労働者にとっても、（潜在的ですが）労働条件の不利益変更になります。

ただ、その不利益は、月々の賃金や毎日の労働時間といった重要な権利や労働条件についてではありません。私傷病休職制度は、福利厚生の観点からの制度だからです。したがって、その不利益変更は、賃金等の変更に比べると、重要度はそれほど高くない労働条件の不利益変更になります。もっとも、変更の内容は、休職命令発令の要件を、例えば、連続欠勤3ヵ月→1ヵ月に短縮するということは、この連続の欠勤中、解雇されることはないことを考えると、大幅な不利益変更といえます。同様に、休職期間を2～3年→1年以内とすることも、大幅な不利益変更といえます。さらには、それらの期間のうち一定の期間有給としてきたものを廃止・縮少するのも、大幅な不利益変更です。

もう1つ別の重要な視点があります。それは、現に私傷病で働けない労働者と健康でバリバリ働いている労働者では、不利益の程度は全く違うということです。前者の労働者からすれば、きわめて深刻な不利益変

更になりますが、後者の労働者からすれば、健康で働く限り、顕在化しない不利益変更といえます。

就業規則による労働条件の不利益変更は、それが個々の労働者の労働条件を変更する効力があるかの問題なので、相対的に考えることになります。つまり、上記の現に私傷病で働けない労働者には不利益は大きいので、その労働者に対しては配慮が必要になります。

以上まとめると、合理性判断の重要な要素である「労働者の受ける不利益の程度」においては、重要な権利・労働条件に関するものではないものの、現に私傷病で働けない労働者に不利益の程度はきわめて大きいので、その労働者に手当てをしないと、変更した就業規則の効力はその労働者に対して否定されかねない、ということです。

そこで、合理性を確保するためには、一律に欠勤・休職期間（あるいは有給の期間）の短縮をするのではなく、不利益の大きい労働者には、除外規定か経過規定を設けて救済する必要があります。

これによって、不利益の大きい「労働者の受ける不利益の程度」を緩和する効果となり、変更内容の相当性の点も肯定的に評価される結果、すべての労働者に対し、合理性が肯定され、統一的に変更が実現できることになるのです。

VI 退職

1．規定化の法的意味

退職に関する事項は、労基法89条3号（「退職に関する事項」）で絶対的必要記載事項であり、当該事業場に労働者が10人以上いるとき作成が義務づけられている就業規則には、必ず記載しなければならない事項です。

2．規定の戦略的意義

わが国の労働法制のもとでは、一旦採用した労働者を退職させることはとても難しいので、退職に関する事項を明記することは、（絶対的必要記載事項とされなくとも）大切なことです。つまり義務といわれなくても、明記することが企業にとってメリットです。以下、各退職事由ごとに、規定化する戦略的意義を解説します。

(1) 定年

長期雇用システムを採るわが国の多くの企業においては、一律に一定の年齢に達したときは退職となる旨の定め、つまり定年の規定は、とても重要です。定年の定めがなければ、極端な話ですが、労働者が亡くなるまで雇用し続けなければなりません。

(2) 辞職（あるいは合意退職）

辞職とは、労働者からの労働契約の一方的解約です。任意退職あるいは自主退職ともいわれます。労基法は何ら規制せず、したがって民法の原則どおり、理由のいかんを問わず（辞職の自由）、申入れから2週間経過時点で労働契約は終了（退職）します（民法627条1項）。

合意退職（合意解約ともいいます）は、企業と労働者が労働契約を合意によって将来に向け解消するものです（継続的契約の合意解約の1つ）。お互いの自由意思で合意するので、その合意内容に従って労働契約が解消されます。

要するに、企業の了解が不要なとき（退職届）が辞職、必要なとき

（退職願）が合意退職の申込みです。その実益は、退職の効力の発生時期と撤回の可否です。前者なら、辞職の意思表示が到達した段階で撤回はできず、かつ、2週間（就業規則で別段の定めがあればそれによる）で退職の効果が生じます（民法628条）。後者（合意退職ないし合意解約）なら、企業の承諾の意思表示がない限り退職の効果は生ぜず、かつ、承諾の意思表示があるまで労働者は撤回ができます。

下級審判例では、どちらの意思表示かはっきりしないとき、労働者の退職の意思表示を慎重に認定する観点から、後者とするのが多いです。

〈辞職と合意退職（合意解約）の相違の整理〉

	法的性格	退職の効果発生時期	労働者の退職の意思表示の撤回の可否
辞職	労働者の単独行為	企業に到達後2週間後の日	企業（の人事権者）に到達するまでは可能
合意退職（合意解約）	契約	企業の承諾後、双方で合意した日	企業（の人事権者）が承諾の意思表示をするまでは可能

よって、就業規則では、労働者からの退職の形態を辞職とするのか合意退職（合意解約）とするのか、はっきり明記する必要があります。労働契約の終了事由は、定年も多いですが、労働者からの退職の意思表示によることも多いので、この退職を巡る労務管理を不安定にさせないためにも、いずれの形態を選択したかを、しっかり差異（実益）を認識した上で、定める必要があります。

(3) 解雇

解雇は、企業からの労働契約の一方的解約です。手続的には30日前の予告又は30日分の予告手当金の支払い、実体的には解雇理由が充分あることが求められ、「客観的に合理的な理由を欠き、社会通念上相当であると認められない場合は、その権利を濫用したものとして、無効」（労契法16条、解雇権濫用法理）となります。

したがって、解雇事由を就業規則に明記することは、実際にする解

雇を有効とするには充分ではありませんが、客観的合理的理由を満たす前提として必要です。付言すると、労基法は、「退職に関する事項」を就業規則に定めるとき、「解雇の事由」も明記することを義務づけています（同89条3号カッコ書き）。

(4) その他の退職事由

最近の企業は、長期無断欠勤者への対応のため、就業規則の退職事由に、例えば、「2週間以上欠勤して連絡がとれないとき」と規定したりします。そして、「2週間以上欠勤して連絡がとれないとき」は、この規定によってその欠勤者を自然退職とするのです。長期無断欠勤者には普通解雇又は懲戒解雇が可能ですが、解雇は労働者にその通知が到達しないと効力が生じません（民法97条参照）。無断欠勤者が企業への届出住所に不在であったり1人暮らしの場合は、解雇通知が到達しにくく、いつまでたっても解雇の効力が生じない事態となり、その対応としてこのような規定が考えられたのです。

3. 規定化の内容

(1) 定年

現在の高年法では、60歳未満の定年は無効（同法8条）となり、加えて、65歳までの雇用確保措置である①定年延長、②継続雇用、③定年廃止のいずれかを採る必要があります（同法9条1項）。

②継続雇用を採るときは、労使協定を締結することで、再雇用対象者を選択することが可能となります（同条2項）。

多くの企業は、65歳までの雇用確保措置としては、②継続雇用を採り、かつ労使協定を締結することで再雇用対象者を選択するようにしています。

そこで、それを有効に行うためには、第1に、労使協定の締結、第2に、それを踏まえた就業規則の定年規定の整備と定年後再雇用規程（資料7（213ページ））の新設が必要となります。

Ⅵ 退職

> **＜継続雇用に関する労使協定例＞**
> 継続雇用に関する労使協定
>
> 　高年齢者等の雇用の安定等に関する法律第９条第２項に基づいて、次の各号に掲げる基準のいずれにも該当する者を、定年後再雇用する。但し、会社の業績が再雇用を許さない状況であったときは、この限りではない。
> ①　引き続き勤務することを希望していること
> ②　直近の健康診断の結果を産業医が判断し、就業上、支障がないこと
> ③　過去３年以内に記録された人事考課が５段階評価で３以上であること
>
> 　　　　　　　　　　　　　　　　　　平成　年　月　日
> 　　　　　　　　　　　　　　　労働者代表　〇〇　〇〇
> 　　　　　　　　　　　　　　　使用者　　　△△　△△

　継続雇用に関する労使協定は、企業が再雇用対象者を選択することを可能とするため必須のものです。
　したがって、その労使協定を有効に締結する必要があります。裁判例を見ると、労働者代表の適格性欠如で、せっかく締結した継続雇用に関する労使協定が無効とされたものがあります（京濱交通事件　横浜地川崎支判平22.2.25）。労働者代表、すなわち事業場単位の過半数代表者（過半数組合があればそれ、なければ代表者を選出する）の要件等は、正確に理解して手続を行う必要があります。
　なお、定年後再雇用は「会社の業績が再雇用を許さない状況であったときは、この限りではない。」との条文を入れておくことは、意外に重要です。これを入れないと、不況等で企業を取り巻く環境が人員削減が必要なのに、定年退職者を再雇用しなければならない、と矛盾が生じます。そのような事態になっては、60歳未満の削減される労働者は、到底納得しません。

継続雇用に関する労使協定は、それだけでは私法的効力を有しないと解されているので、実際に（私法的にも）企業が再雇用対象者を選択することを可能とするためには、就業規則上の根拠が必要です。通常は、定年の規定のなかに、継続雇用に関する労使協定によって再雇用することを規定します（下記規定例、なお、資料１　第17条参照(169ページ)）。

＜定年及び再雇用規定例＞
（定年及び再雇用）
　　第○条　社員の定年は満60歳とし、60歳を迎えた月の末日に退職するものとする。
　　２．高年齢者等の雇用の安定等に関する法律第９条第２項に基づく労使協定の定めるところにより、次の各号に掲げる基準のいずれにも該当する者については、別途定める定年後再雇用規程に従い再雇用する。但し、会社の業績が再雇用を許さない状況であったときは、この限りではない。
　　①　引き続き勤務することを希望していること
　　②　直近の健康診断の結果を産業医が判断し、就業上、支障がないこと
　　③　過去３年以内に記録された人事考課が５段階評価で３以上であること

さらに、大事なのは、定年後再雇用者の労働条件を定める就業規則の整備です。お勧めは、契約社員就業規則とは別に定年後再雇用規程を新設することです。その理由は、定年後再雇用者は、どうしても契約社員とは更新基準、処遇内容で違いが生じるので、別規程にした方が分かりやすいからです。

そして、定年後再雇用規程では、
　・更新基準
　・更新契約の更改の考え方
を明確にしたほうがよいでしょう。

まず、更新基準は、60歳を超えた労働者には、健康、能力の衰えで個人差がだいぶありますので、更新にふさわしくなければ、更新できないことをはっきり基準化すべきです。ただ、他方、高年法の趣旨に反しないようにも配慮する必要があります（端的には、更新基準は再雇用基準より厳格であってはならない）。

次に、更新契約の内容が、労働日、労働時間、賃金でやはり個人差が反映できるようにする余地を残した規定化をすべきです。

資料7（213ページ）にて定年後再雇用規程を掲載したので、参考にしてください。

(2) 辞職（あるいは合意退職）

　ア．辞職

制度設計として、（合意退職ではなく）辞職を選択したときは、まず、就業規則にその選択結果を明記する必要があります。例えば、次のようにです。

＜辞職の規定例＞

第16条　退職

　従業員が次の各号の1に該当するときは、退職とする。

　　①辞職するとき

　　（②以下は、省略）

第17条　辞職

　従業員は、辞職するときは、退職日の14日前までに所定の退職届を所属長（受理先）に提出し、退職日まで指示された仕事をしなければならない。

　　2．前項の期間経過により、従業員は退職となる。

第17条2項は念のための記載です。第16条、第17条1項により、労働者による一方的退職、つまり辞職であることをはっきり規定するのです。

次に、運用上も、労働者から提出してもらうものは、退職届とし、文面も、「退職します」（辞職は、法的には労働者の単独行為）という、

一方的言い切りの文章にします。

イ．合意退職（合意解約）

次に、制度設計として、（辞職ではなく）合意退職（合意解約）を選択したときは、やはり就業規則にその選択結果を明記する必要があります。例えば、次のようにです。

> ＜合意退職の規定例＞
> 第16条　退職
> 　社員が次の各号の１に該当するときは、退職とする。
> 　①退職を願い出て会社の承認を得た（合意退職）とき
> 　（②以下は、省略）
> 第17条　合意退職
> 　社員が退職を希望するときは、退職日の１ヵ月前までに所定の退職願を提出し、会社の承諾を得なければならない。但し、会社が特に認めたときはこの限りではない。

第16条、第17条により、合意退職であることをはっきり規定します。

ただ、その場合でも、労働者が企業の承諾の如何に関係なく自分は退職する、と申し出たときは、いかに就業規則で労働者の意思による退職の原則的形態を合意退職と定めても、上記申し出は、民法627条１項に基づく辞職として効力が生じます。つまり、就業規則で上記規定にしても、辞職を禁止する効果まではないのです。

次に、運用上も、労働者から提出してもらうものは、退職願とし、文面も「退職する旨申し入れるので承諾を願う」という、申込の文書にします（合意退職は、労働者からの退職の申込みに対し、企業の承諾の意思表示により成立します）。

(3)　解雇

就業規則に定めた解雇事由が限定列挙（その事由以外で解雇はしないというもの）か例示列挙（その事由は例示で、それ以外の事由でも

解雇をするというもの）かは労働法の争点の1つですが、裁判例の傾向は、就業規則の合理的解釈をして、企業が就業規則に定めた事由以外では解雇しないとする趣旨か（限定か）否か（例示か）を判定しています。そして、筆者の知る限り、限定した趣旨とは解されない、とする裁判例ばかりです。

とはいえ、就業規則に定めた解雇事由が不備のため争点となるのは是非とも避けたいので、さまざまなことを類型化して解雇事由を規定化すべきです。資料1 第19条（169ページ）は、その一例です。

付言すると、筆者がお勧めしたいのは、解雇事由の最後に「その他前各号に準ずるやむを得ない事由があるとき」（資料1 第19条6号）と、包括（解雇）事由を入れるべきだということです。これを入れることで、前各号と相まって（よって、「前各号」が1つや2つだと抽象的になるので、資料1 第19条1～5号のように、多くの事由を挙げる必要があります）、あらゆる事態に対応できます。上記の限定列挙、例示列挙の論争も、無意味にできます。

(4) その他の退職事由

上記2(4)の退職事由の実質は、長期の無断欠勤者に対する解雇であり、解雇権濫用法理（労契法16条）が類推適用される問題です。よって、自然退職の要件としての欠勤期間が短期では、場合によってはその退職の扱いが権利の濫用となります。前記の例の「2週間」は判断が難しいですが、慎重を期するなら、1ヵ月といった、誰がみても解雇やむなしという程度の期間を設定したほうが妥当です。なぜなら、かかる退職事由は、解雇ができない場合の補充的手段だからです。

4．規定変更（新設）による労働条件の不利益変更

各退職事由に応じて解説します。
(1) 定年
　ア．定年年齢の引き下げ
　　例えば、（大学等教育機関などで）定年年齢を70歳→65歳に引き下げることが争われた裁判例があります。退職時期が早まるので、重要な労働条件の不利益変更になり、定年引下げに高度の必要性と

その高度の必要性に見合った内容が相当なものである必要があります。

なお、高年法は60歳未満の定年を無効（8条）としているので、60歳未満の年齢への引き下げは、労働条件の不利益変更の検討を待つまでもなく、強行法規違反ゆえ無効です。

イ．雇用確保措置の変更

高年法9条1項各号の雇用確保措置（①定年延長、②継続雇用、③定年廃止）のうちで、①や③を一旦選択した後に、②に変更し、1年毎の有期雇用としかつ再雇用対象者を選択する制度にした、という場合はどうでしょう。

①や③を選択した結果、期間の定めのない労働者の身分のままであったわけで、それを②の有期労働者に変えるのは、身分が不安定となり労働条件も悪くなるでしょうから、労働条件の不利益変更となります。

ただ、既に60歳を過ぎ①や③の雇用確保措置が適用されている労働者と、まだ60歳よりかなり前の若い年齢で同措置が適用されてない労働者とでは、当然ですが、前者の方が不利益は大きいといえます。

就業規則による労働条件の不利益変更の合理性が、変更による労働者の不利益と、変更を必要とする企業の利益の相関関係で判断される問題である以上、その判断において、当該変更の必要性がどの程度あるかが大きなウェートを占めますが、労働者の不利益の程度の面だけ検討するとすれば、不利益の大きい労働者(特に61歳前後)と、そうでない労働者（20歳代、30歳代は、遠い将来の労働条件の不利益変更となる）があることに配慮した対応をとるのがよいでしょう。

具体的には、中・長期的な経過措置を設けた不利益変更にします。例えば、現在適用を受けている60〜65歳及び近い将来適用を受ける55歳以上には変更前の制度の適用を続け、それより若い労働者には②の有期による継続雇用に移行、ただし、その有期労働契約の内容を54歳とか53歳の労働者には、55歳以上の者とほぼ同様のもの

を保証し、暫次、内容を引き下げていく、といった設計です。

ウ．継続雇用対象者の基準の厳格化

　高年法9条1項各号の雇用確保措置（①定年延長、②継続雇用、③定年廃止）のうちで②継続雇用を選択したが、再雇用対象者の基準を厳格にする場合はどうでしょう。例えば、これまで健康上問題がなければ本人の希望どおり再雇用していたのを、定年直前3年間の人事考課が平均以上でなければならない、と再雇用基準を厳格にする場合です。

　これも、定年後再雇用への可能性が低くなる方向で変更するので、不利益変更といえます。ただ、労働条件の不利益変更の問題かは疑問です。なぜなら、既に②の措置を採っている企業においては、法的には労働者は定年到達により退職となるのであり、再雇用はあくまで新たな労働契約の締結であって、既存の労働条件の不利益変更の問題ではないからです。筆者は、労働条件の不利益変更の問題ではなく、労働者の再雇用への期待への企業の不法行為（民法709条）の成否の問題と考えます。この観点からは、再雇用基準を厳格にされた結果、再雇用されなかった労働者は、企業の当該措置が不法行為を構成する限り、損害賠償（再雇用契約の内容が一義的に決まらなければ慰謝料だけ）を請求するという処理になると考えます。

エ．再雇用後の賃金等の変更

　高年法9条1項各号の雇用確保措置（①定年延長、②継続雇用、③定年廃止）のうちで②継続雇用を選択したが、再雇用後の賃金等の労働条件を就業規則（定年後再雇用規程）で変更する場合はどうでしょうか。

　これは、第5章の有期労働者の労働条件の不利益変更の問題とパラレルなので、これに譲ります（156ページ）。

⑵　辞職（合意退職）

ア．辞職→合意退職、合意退職→辞職

労働者が自主的に退職する場合の就業規則所定の形態を、辞職から合意退職に、あるいは合意退職から辞職に変更することは、不利益変更となるでしょうか。まず、辞職から合意退職に変更しても、企業が承諾しなければ、労働者は、（就業規則所定の手続ではなく）民法627条によって、辞職できるので、不利益はありません。他方、合意退職から辞職に変更することは、企業の承諾が不要になるだけで、利益にはなっても不利益に変更されたとはいえないでしょう。

　ただ、辞職から合意退職に変更しても、労働者が民法627条に基づいて辞職の意思表示をしたら、そのとおりの効力が生ずるので、労務管理上は注意が必要です。

　イ．辞職の予告期間を長くすること
　辞職の予告期間を14日→1ヵ月、さらには3ヵ月と延ばす変更はどうでしょうか。退職時期が遅くなるということは、転職の時期も遅くなり労働者の退職の自由（職業選択の自由）への規制も強くなるので、不利益変更といえます。しかし、退職後の競業避止とは全く異なります。なぜなら、在職中で賃金もこれまでどおり支給されている労働者と退職者では、全く身分が違うからです。付言すると、在職者は、使用者である当該企業への誠実義務の一環として当然に競業避止義務を負っています。在職中の転職は、それ自体が、債務不履行で違法です。よって、辞職の予告期間を延ばすことの不利益性は、直截に退職の自由への強い規制で合理性が認められない不利益ではないか、という問題提起の方が分かりやすいです。

　そしてこの問題提起に対しては、予告期間を長くすることで退職を遅くする企業の利益は何かを分析して、その企業の利益（営業の自由）と労働者の退職の自由とを相関的総合的に検討して判断することになります。

(3) 解雇…解雇事由の追加
　（普通）解雇事由の追加が不利益変更かは、当該就業規則の解雇規定がその合理的解釈からして事由を限定していたといえるか否かで、問題の捉え方が異なってきます。限定していたといえなければ、不利

益変更の問題ではありません。前掲裁判例の傾向からすれば、不利益変更の問題とはならないでしょう。

(4) その他の退職事由…退職事由の追加

上記3(4)のような退職事由の新設は、退職事由が増えることで身分が不安定になるので、不利益変更といえます。

しかし、上記3(4)のような事由は、要するに、長期欠勤で本来解雇されてもやむを得ないのに、物理的に解雇通知が到達されず中途半端な状態となっている者との関係を解決するためなので、その退職事由の新設に必要性はあるし、労働者の不利益はさしてないので、合理性はあると考えます。つまり、本来解雇されてもやむを得ない労働者の不利益はさほどなく、他方で中途半端な状態を解決する企業の必要性はあり、内容も、「2週間欠勤して連絡がとれない」状態であれば相当（慎重を期すなら、前述したとおり、「1ヵ月」がよい）といえるので、このような退職事由の新設は、合理性あり、となるでしょう。

Ⅶ 労働時間・休憩・休日

1．規定化の法的意味

　労働時間・休憩・休日に関する事項は、労基法89条1号（「始業及び終業の時刻、休憩時間、休日、休暇並びに労働者を2組以上に分けて交替に就業させる場合においては就業時転換に関する事項」）にあるとおり、絶対的必要記載事項であり、当該事業場に労働者が10人以上いるとき作成が義務づけられている就業規則には、必ず記載しなければならない事項です。

2．規定の戦略的意義

　企業の人的要素である労働者の労働義務の枠組は、毎日何時間働かさせられるかということなので、それを規定化することはきわめて重要です。
　この労働義務は、
　①毎日同じ枠組で働かせる場合（これが原則）と、
　②変形した枠組で働かせる場合、
　③あるいは、労働者の裁量を前提にみなしの労働時間で働かせる場合、又は事業場外労働のみなし制を適用する場合

があります（現在、不活発のフレックス制は、省略します）。
　それぞれ法規制がされているので、それを踏まえた規定化が必要です。特に、②変形した枠組で働かせる場合や、③労働者の裁量を前提にみなしの労働時間で働かせる場合は、法規制に合致しないと、その変形ないしみなしの効果が生じず、その結果、①原則規定（労基法32条、同37条）が適用されて膨大な人件費が発生するリスクが生じるので、要注意です。

〈労働時間規制の整理〉

　法定は、週40時間、　　　　　　　規制外…法内残業、法定
　1日8時間（労基法32条）　　　　　　　　外休日の労働

　　　・法定労働時間の弾力化…変形労働時間制（労基法32条の2、
　　　　　　　　　　　　　　　　　32条の4、32条の5）

　　　・みなし制…事業場外労働（労基法38条の2）、
　　　　　　　　　専門業務型・企画業務型裁量労働制
　　　　　　　　　　　　　　（労基法38条の3、4）

　　　・フレックスタイム制（労基法32条の3）

　　　・適用除外（但し、深夜労働、年次有給休暇は除く）…管理監督者、
　　　　　　　　　秘書等（労基法41条1号～3号）

3．規定化の内容

(1) 所定労働時間等の規定化

　企業は労働者に、1週間につき40時間（労基法32条1項）、1日につき8時間を超えて（同2項）労働させられません（1項が基本、2項が1項の週の労働時間を各日に割振る基準）。これらの労働時間を、法定労働時間といいます。「1週間」とは、「就業規則その他に別段の定めがない限り、日曜日から土曜日までのいわゆる暦週」であり（別段の定めをすれば、その定めの区切りが可能）、また、「1日」とは、「午前0時から午後12時までのいわゆる暦日をいうものであり、継続勤務が2暦日にわたる場合には、たとえ暦日を異にする場合でも一勤務として取り扱い、当該勤務は始業時刻の属する日の労働として、当該日の『1日』の労働と」されます（昭63.1.1基発1号）。

　そして、所定労働時間は、始業終業の時刻を特定しなければならないので（労基法89条1号）、これを規定化すると、例えば、次のとおりとなります。

> **＜労働時間及び休憩の規定例＞**（資料１　第22条、第23条を転記）
> （労働時間及び休憩）
> 第22条　所定労働時間は１週（週の起算日は土曜日とする）40時間、１日８時間とし、始業・終業の時刻及び休憩時間は次のとおりとする。
> 　　　始業　午前８時30分　　終業　午後５時30分
> 　　　休憩　正午から午後１時まで
> 　２　業務上の都合により前項の時刻を臨時に繰り上げ、または繰り下げることがある。この場合においても、１日の労働時間が８時間を超えることはない。
> （休日）
> 第23条　休日は、次のとおりとする。
> 　　　①土曜日、日曜日（法定休日）
> 　　　②国民の祝日（振替休日を含む）、年末年始（12月30日から１月３日まで）
> 　　　③会社創業記念日

　他方、休憩時間、休日については、同条を読んで分かるとおり、特定は不要です。もっとも、特定できるならしたほうが望ましいので、多くの就業規則では、上記規定例のとおり、特定しています。

(2)　変形労働時間制、変形休日制の規定化
　ア．変形労働時間制
　　労基法は、変形労働時間制の規定として、１ヵ月以内単位（労基法32条の２）、１年以内単位（同32条の４）、１週間単位（同32条の５）の３種類を用意します。このうち１ヵ月以内単位と１年単位が基本的で、他方、１週間単位は事業の種類と規模が限定された特殊なものです。
　　もっとも、労基法が用意する変形労働時間制の定め（要件）は、あくまで法定労働時間（１週40時間、１日８時間、同32条）を弾力化（週平均40時間が確保されていればよい）するのを適法（免罰的

効果）にするためだけの要件です。労働者にこれらの変形制による労働を義務として課すためには（つまり私法的効力を持たせるためには）、労働協約、就業規則又は労働契約上の根拠が必要です。
① 1ヵ月以内単位
　1ヵ月以内単位の変形制は、
・労使協定（ただし、有効期間の定め、労基署長への届出が必要）又は就業規則その他これに準ずるもの（「これに準ずるもの」も、労働者への周知が必要）で、
・1ヵ月以内の期間を平均して一週の法定労働時間（40時間）を超えないよう、各労働日の所定労働時間を定めたとき（ただし、当該期間の起算日の定めは必要）

に、法定労働時間（1週40時間、1日8時間）を超えても労働させられる、とするものです（労基法32条の2、労基則12条の2〜2の2の2）。

　この変形労働時間制に適するものは、1ヵ月以内単位で業務の繁閑のある事業、例えば、銀行等金融機関などです。

　以下は、就業規則で1ヵ月以内単位の変形制を定める場合で、a．月末多忙で労働日を変形させる規定例と、b．やはり月末多忙で始業終業時刻を変形させる規定例を示します（規定例の中の「前条の規定」とは、上記(1)の規定例第22条を受けております）。

＜a．労働日を変形させる規定例＞
（1ヵ月単位の変形制）
第22条の2　前条の規定にかかわらず、〇〇部の社員に対しては、各月1日を起算日とする1ヵ月単位の変形労働時間制を適用する。
2　始業・終業時刻及び休憩時間は、以下のとおりとする。労働日は、各単位期間の開始日の前日までに、各社員に書面にて通知するとともに、掲示する。
　　始業　　午前9時　　終業　午後5時
　　休憩時間　午後12時から午後1時
3　休日は、第23条の定めにかかわらず、前項の労働日を定めることで合わせて特定するが、1週に1日以上の休日を確保するよう

にする。

<b．始業終業時刻を変形させる規定例>
（1ヵ月単位の変形制）
第22条の2　前条の規定にかかわらず、会社が適用を認めた社員に対して、各月1日を起算日とする1ヵ月単位の変形労働時間制を適用する。
2　所定労働時間、始業・終業時刻及び休憩時間は、以下のとおりとする。労働日は、各単位期間の開始日の前日までに、各社員に書面にて通知するとともに、掲示する。

時期	所定労働時間	始業時刻	終業時刻	休憩時間
1日～24日	7時間	9時	17時	12時～13時
25日～末日	9時間	9時	19時	12時～13時

3　休日は、第23条の定めにかかわらず、前項の労働日を定めることで合わせて特定するが、1週に1日以上の休日を確保するようにする。

②1年以内単位

1年以内単位の変形制は、

労使協定(ただし、有効期間を定め、労基署長への届出が必要)で、

　　　ⅰ．対象労働者の範囲、
　　　ⅱ．対象期間（一週を平均して法定労働時間を超えないよう定める一年以内の単位期間、ただし、起算日の定めが必要）、
　　　ⅲ．対象期間における労働日（ただし、対象期間が3ヵ月を超えるときは、1年当たり280日以内）とその労働時間（ただし、1日10時間、1週間52時間以内。対象期間が3ヵ月を超えるときは、週の限度時間がさらに制限される）、
　　　ⅳ．有効期間を定めたとき
　　　　は、法定労働時間を超えても労働させられる、とするもので

す（労基法38条の2、労基則12条の2、同12条の4）。
　この変形労働時間制に適するものは、1年以内単位で業務の繁閑のある事業、例えば、百貨店、ゴルフ場、学校などです。
　規定例を示すと、次のとおりです。

〈就業規則例〉
（1年単位の変形労働時間制）
第22条の3　第22条の規定にかかわらず、労使協定の定めるところに従って、△△部門の社員に対して、毎年4月1日を起算日とする1年単位の変形労働時間制を適用する。
2　1日の所定労働時間は8時間とし、始業・終業の時刻及び休憩時間は次のとおりとする。
　　　始業　　午前8時　　　終業時刻　午後5時
　　　休憩時間　正午から午後1時
3　休日は、第23条の定めにかかわらず、労使協定で定める年間休日カレンダーによる。
4　所定労働時間を超え又は休日に労働させた場合は、賃金規程第〇条に定める割増賃金を支払う。期間途中で入社ないし退社した者には、当該勤務期間を平均して適用し、その結果、所定労働時間を超えたときは、同様に割増賃金を支払う。

〈労使協定例〉
　〇〇株式会社と〇〇労働組合は、□□支店に勤務する社員の1年単位の変形労働時間について、以下のとおり協定する。

（対象者）
第1条　本協定の対象者は、□□支店勤務の社員全員とする。
（対象期間）
第2条　本協定に定める1年単位とは、平成〇年4月1日を起算日とする翌△年3月31日までの1年間とする。
（労働日・労働時間等）

> 第3条　各労働日の所定労働時間は8時間とし、その始業・終業時刻および休憩時間は次のとおりとする。
> 　　　始業時刻　午後8時　　終業時刻　午後5時
> 　　　休憩時間　正午から午後1時
> （休日）
> 第4条　休日は、別紙の年間休日カレンダーのとおりとする。なお、連続労働日数は6日までとする。
> （期間途中の入社・退職者）
> 第5条　期間途中で入社ないし退社した者は、当該勤務期間を平均して適用する。
> （協定の有効期間）
> 第6条　本協定の有効期間は、起算日より1年間とする。
>
> 　　　　　　　　　　　　　　　　　　　平成〇年〇月〇日
> 　　　〇〇株式会社　代表取締役■■■■　㊞
> 　　　〇〇労働組合　執行委員長××××　㊞

③1週間単位

　1週間単位の変形制は、

・繁閑の差が著しく就業規則等で各日の労働時間を特定することが困難な事業で、常時使用する労働者数30名未満の事業場において、

・労使協定（ただし、労基署長への届出が必要）で1週間を平均して法定労働時間（1週40時間、1日8時間）を超えない旨定めたとき

は、1日10時間まで労働させることができる、とするものです。

　ただし、1週間の各日の労働時間の通知は、当該1週間の開始する前に書面により当該労働者に通知しなければなりません（労基法38条の5、労基則12条の5）。

　この変形労働時間制に適するものは、小規模（労働者30名未満）なホテル、旅館、飲食店、販売店などです。

この変形制は対象事業、規模が限定されている特殊なものなので、規定例は省略します。

イ．変形休日制
　企業は、労働者に週1回の休日を付与しなければなりません（週休制の原則、労基法35条1項）が、4週間を通じて4日以上の休日を付与すれば、週休制の原則の適用はありません。これを変形休日制（同条2項）といいます。1項が原則で2項は例外であり（昭22.9.13発基17号）、2項の変形休日制を導入するときは、4週間の起算日を明示しなければなりません（労基則12条の2の2項）。

(3)　裁量労働制の規定化
①専門業務型
　専門業務型裁量労働制は、
労使協定（ただし、有効期間を定め、労基署長への届出が必要）で、
　　ⅰ．対象業務（労基則で定める業務のうち、労働者に就かせるものとして特定した業務、以下の図参照）、
　　ⅱ．みなし労働時間、
　　ⅲ．企業が労働者に具体的指示をしないこと、
　　ⅳ．健康・福祉を確保するための措置、
　　ⅴ．苦情処理措置、
　　ⅵ．有効期間、
　　ⅶ．ⅳ．ⅴの記録をⅵの期間及び満了後3年間保存すること
を定めたときは、ⅰ．対象業務に従事する労働者は、ⅱ．労使協定で定めた労働時間労働したものとみなされる、というものです（労基法38条の3、労基則24条の2の2）。
　対象業務は、労基則24条2の2で定め、さらに厚労省告示354号（平15.10.22）で指定されています。

〈労基則24条2の2で定める対象業務〉

① 新商品・新技術の研究開発又は人文・自然科学に関する研究の業務
② 情報処理システムの分析又は設計の業務
③ 新聞・出版の記事の取材・編集の業務、放送番組制作のための取材・制作の業務
④ 衣服、室内装飾、工業製品、広告等の新たなデザインの考案の業務
⑤ 放送番組、映画等の制作のプロデューサー・ディレクターの業務
⑥ その他厚生労働大臣が指定する業務

〈厚生労働大臣が指定（厚労省告示354号平15.10.22）する業務〉

① コピーライターの業務（注1）
② システムコンサルタントの業務（注2）
③ インテリアコーディネーターの業務（注3）
④ ゲーム用ソフトウェア開発の業務
⑤ 証券アナリストの業務（注4）
⑥ 金融工学等を用いて行う金融商品開発の業務
⑦ 大学における教授研究の業務（注5）
⑧ 公認会計士の業務
⑨ 弁護士の業務
⑩ 建築士の業務
⑪ 不動産鑑定士の業務
⑫ 弁理士の業務
⑬ 税理士の業務
⑭ 中小企業診断士の業務
　注1　広告、宣伝等における商品等の内容、特長等に係る文章の案の考案の業務
　注2　事業運営において情報処理システム（労基則24条の2の2第2項第2号に規定する情報処理システム）を活用するための問題点の把握又はそれを活用するための方法に関する考案、助言の業務
　注3　建築物内における照明器具、家具等の配置に関する考案、表現又は助言の業務

注4　有価証券市場における相場等の動向又は有価証券の価値
　　　　等の分析、評価又はこれに基づく投資に関する助言の業務
　　　注5　学校教育法に規定する大学における教授研究の業務ー主
　　　　として研究に従事するものに限る

　専門業務型裁量労働制の対象業務とされる労基則の規定は、限定列挙です。よって、これらに含まれない業務を対象業務として労使協定で定めても無効であり、「みなしの効果」は生じません。その結果、「みなされた労働時間」を超えれば、割増賃金を支払わなければなりません。
　もっとも、この労基法の定め（要件）は、専門業務型裁量労働制による労働を義務として課すためには、労働協約、就業規則又は労働契約の根拠が必要です（これは、後記②企画業務型も同様です）。
　就業規則及び労使協定の規定例を示すと、次のとおりです。

〈就業規則例〉
（専門業務型裁量労働制の労働時間等）
第22条の4　第22条の規定にかかわらず、労使協定で定める社員（以下、本条において「適用社員」という）に対して、専門業務型裁量労働制を適用する。
2　適用社員が所定労働日に勤務した場合、労使協定で定める時間労働したものとみなす。
3　始業・終業時刻は、第22条に定める所定労働時間を基本とするが、業務遂行の必要に応じ適用社員がその裁量により具体的な時間配分を決定する。
4　休憩時間は、第22条に定めるところによる。
5　休日は、第23条に定めるところによる。
6　適用社員が休日または深夜に労働するときは、あらかじめ所属長の許可を受けなければならない。許可を受けて休日または深夜に労働した場合、会社は、賃金規程の定めるところにより割増賃金を支払う。

〈労使協定例〉
　○○株式会社（以下、「会社」という）と○○労働組合（以下、「組合」という）とは、労働基準法第38条の3第1項に基づき、専門業務型裁量労働のみなし労働時間制に関し、次のとおり協定する。

（対象業務・対象者）
第1条　本協定は、商品開発部において新商品の開発業務に従事する社員（以下「適用社員」という）に適用する。
（みなし労働時間）
第2条　適用社員の労働時間は、1日8時間とみなす。
（裁量労働制であること）
第3条　適用社員は、原則、その業務の遂行の手段及び時間配分につき裁量があり、会社は適用社員に具体的指示は一切しない。
（欠勤等の取り扱い）
第4条　適用社員が欠勤、休暇等によって労働しなかった日は、第2条は適用しない。
（休憩時間）
第5条　適用社員の休憩時間は、就業規則第22条に定める時間を原則とし、業務の進捗状況等を勘案して各自が取得する。
（休日労働・深夜業）
第6条　適用社員は、休日、深夜に勤務してはならない。業務の都合上やむを得ず休日、深夜に勤務する場合は、あらかじめ上長に許可を得なければならず、許可を得た場合にのみ勤務できる。許可を受けて休日、深夜に勤務した場合は、本協定の定めにかかわらず、実労働時間で労働時間を算定するものとする。
（健康・福祉確保措置）
第7条　会社は、適用社員の健康・福祉確保措置として、次の措置を講ずる。
①　上長は、タイムカード、本人提出の業務報告書で労働時間の状況を把握する。
②　会社は、適用社員の1月の総労働時間が○○時間以下になるよ

う、業務の遂行方法や時間配分について当人と協議をし、必要があれば改善のための措置を講じる。
③ 会社は適用社員につき、半年ごとに1回、会社が指定する病院で健康診断を実施する。
④ 適用社員は、半年ごとに1回、①、②の結果をもとに会社指定の産業医と面接を行い、必要な場合は保健指導を受ける。
2 前項の措置の結果を受け必要がある場合には、会社は産業医と相談の上、以下の措置を講ずる。
① 労働時間の短縮措置を実施し、この間は本協定のみなし労働時間制を適用しない。
② 必要な期間の代償休日を与える。
③ 適用社員の配置転換を実施する。

（苦情処理措置）
第8条 会社は、適用社員の苦情処理措置として、苦情内容ごとに下記の相談室を設ける。
イ 健康管理に関する相談室を総務部健康管理室に設け、下記の時間、適用社員からの相談を受け付ける。
・相談時間　各労働日の12時～13時、18時～19時
・相談員　　保健師○○○○　○○○○
ロ 評価制度、賃金制度等人事制度に関する相談室を組合管理部に設け、下記の時間、適用社員からの相談を受け付ける。
・相談時間　各労働日の12時～13時、18時～19時
・相談員　　○○○○　○○○○

（記録の保存）
第9条 会社は、第7条、第8条の規定を基に講じた措置の内容を、適用社員ごとに記録し、本協定の有効期間中及び有効期間満了後3年間保存する。

（有効期間）
第10条 本協定の有効期間は、平成○年○月○日から3年間とする。

平成○年○月○日

```
                              ○○株式会社
                              代表取締役■■■■  ㊞
                              ○○労働組合
                              執行委員長△△△△  ㊞
```

②企画業務型

　企画業務型裁量労働制は、

　労使委員会（構成は労使半数）の委員の5分の4以上の多数による決議（ただし、有効期間を定め、労基署長への届出が必要）で、
　　ⅰ．対象業務、
　　ⅱ．ⅰに就かせる労働者の範囲、
　　ⅲ．みなし労働時間、
　　ⅳ．健康・福祉を確保するための措置、
　　ⅴ．苦情処理措置、
　　ⅵ．当該労働者の同意が必要であることと不利益取扱の禁止、
　　ⅶ．有効期間、
　　ⅷ．ⅳ．ⅴ．ⅵの同意の記録をⅶの期間及び満了後3年間保存すること

を定めたときは、ⅰ．対象業務にⅱ．従事する労働者は、ⅲ．同決議で定めた労働時間労働したものとみなされる、というものです（労基法38条の4、労基則24条の2の3）。

　この対象業務となる企画業務は、「事業の運営に関する事項についての企画、立案、調査及び分析の業務であって、当該業務の性質上これを適切に遂行するにはその遂行の方法を大幅に労働者の裁量にゆだねる必要があるため、当該業務の遂行の手段及び時間配分の決定等に関し使用者が具体的な指示をしないこととする業務」であり、厚労省告示第353号（平15.10.22）は、これにつき詳細に定めています。

　当該厚労省告示において対象業務に該当しないものをいくら労使委員会で対象業務として決議しても、「みなしの効果は生じ」ません（同告示第3.1⑵イ）。

　就業規則及び労使委員会の決議の例を示すと、次のとおりです。

〈就業規則例〉
(企画業務型裁量労働制の労働時間等)
第22条の5　第22条の規定にかかわらず、労使委員会の決議で定める社員(以下、本条において「適用社員」という)に対して、企画業務型裁量労働制を適用する。
2　適用社員が所定労働日に勤務した場合、労使委員会の決議で定める時間労働したものとみなす。
3　始業・終業時刻は、第22条に定める所定労働時間を基本とするが、業務遂行の必要に応じ適用社員がその裁量により具体的な時間配分を決定する。
4　休憩時間は、第22条に定めるところによる。
5　休日は、第23条に定めるところによる。
6　適用社員が休日または深夜に労働するときは、あらかじめ所属長の許可を受けなければならない。許可を受けて休日または深夜に労働した場合、会社は、賃金規程の定めるところにより割増賃金を支払う。

〈労使委員会の決議例〉
　○○株式会社本社事業場労使委員会は、企画業務型裁量労働制につき、下記のとおり決議する。

(対象業務)
第1条　企画業務型裁量労働制を適用する業務の範囲は、次のとおりとする。
①　企画部で経営計画を策定する業務
②　人事部で人事計画を策定する業務
(対象社員)
第2条　企画業務型裁量労働制を適用する社員(以下、「適用社員」という)は、前条で定める業務に常態として従事する者のうち、入社して7年目以上でかつ職務の級が主事6級以上である者(た

だし、就業規則第○条で定める管理監督者を除く）とする。
（事前の同意等）
第3条　適用社員を対象業務に従事させる場合、事前に本人から書面による同意を得なければならない。この同意を得るに当たっては、使用者は、本決議の内容、同意した場合に適用される評価制度及び賃金制度の内容、同意しなかった場合の配置及び処遇について適用社員に説明するものとする。
2　前項の場合に、同意しなかった社員に対して、同意しなかったことを理由として、処遇等で、本人に不利益な取扱いをしてはならない。
（みなし労働時間）
第4条　第2条に定める者のうち第3条に基づき同意を得た者（以下「裁量労働従事者」という）が所定労働日に勤務した場合の労働時間は、8時間とみなす。
（裁量労働従事者の健康と福祉の確保）
第5条　使用者は、裁量労働従事者の健康と福祉を確保するために、次の措置を講ずる。
①　裁量労働従事者の健康状態を把握するために、次の措置を実施する。
　イ　所属長は、入退室時のIDカードの記録により、裁量労働従事者の在社時間を把握する。
　ロ　裁量労働従事者は、2ヵ月に1回、自己の健康状態について所定の「自己診断カード」に記入の上、所属長に提出する。
　ハ　所属長は、ロの自己診断カードを受領後、速やかに、裁量労働従事者ごとに健康状態等についてヒアリングを行う。
②　使用者は、前号の結果をとりまとめ、産業医に提出するとともに、産業医が必要と認めるときには、次の措置を実施する。
　イ　定期健康診断とは別に、特別健康診断を実施する。
　ロ　特別休暇を付与する。
③　精神・身体両面の健康についての相談室を○○に設置する。
（裁量労働従事者からの苦情の処理）
第6条　使用者は、裁量労働従事者から苦情等があった場合には、

次の手続に従い、対応するものとする。
① 裁量労働相談室を次のとおり開設する。
　イ　場所　○○労働組合管理部
　ロ　開設日時　毎週金曜日12：00～13：00と17：00～19：00
　ハ　相談員　○○○○　○○○○
② 取り扱う苦情の範囲は、次のとおりとする。
　イ　裁量労働制の運用に関する全般の事項
　ロ　裁量労働従事者に適用している評価制度、これに対応する賃金制度等の処遇制度全般
③ 相談員は相談者の秘密を厳守し、プライバシーの保護に努める。

（勤務状況等の保存）
第7条　使用者は、裁量労働従事者の勤務状況、裁量労働従事者の健康と福祉確保のために講じた措置、裁量労働従事者からの苦情について講じた措置、企画業務型裁量労働制を適用することについて裁量労働従事者から得た同意に関する従業員ごとの記録を、決議の有効期間の始期から有効期間満了後3年間を経過する時まで、保存する。

（決議の有効期間）
第8条　本決議の有効期間は、平成○年○月○日から○年○月○日までの3年間とする。

　　　　　　　　　　　　平成○年○月○日
　　　　　　　　　　　　○○株式会社本社事業場労使委員会

③事業場外労働のみなし制
　事業場外労働のみなし制は、
・労働者が労働時間の全部又は一部について事業場外で業務に従事した

場合において、

・その労働時間を算定し難いときは、

「所定労働時間」労働したものとみなし、ただ、当該業務を遂行するためには通常「所定労働時間」を超えて労働することが必要となる場合には、当該業務の遂行に「通常必要とされる時間」労働したものとみなすものです。

この場合、労使協定（ただし、有効期間を定め、労基署長への届出が必要、ただ法定労働時間以内なら届出不要。また、三六協定の届出に付記することでこれに代えることも可能）によってその協定で定める時間を「通常必要とされる時間」とできます（以上、労基法38条の2、労基則24条の2）。

事業場外労働のみなし制の対象は、事業場外で業務に従事し、かつ、企業の具体的な指揮監督が及ばず労働時間を算定することが困難な業務である場合です。

ただし、次の場合は、事業場外で業務に従事する場合でも企業の具体的な指揮監督が及んでおり、労働時間の算定が可能なので、みなし労働時間制の適用はありません（昭63.1.1基発1号）。すなわち、

① 何人かのグループで事業場外労働に従事する場合で、そのメンバーの中に労働時間の管理をする者がいる場合

② 事業場外で業務に従事するが、無線やポケットベル等によって随時使用者の指示を受けながら労働している場合

③ 事業場において、訪問先、帰社時刻等当日の業務の具体的指示を受けたのち、事業場外で指示どおりに業務に従事し、その後事業場にもどる場合

です。

4．規定変更（新設）による労働条件の不利益変更

(1) 所定労働時間等の変更

　ア．所定労働時間を増やす等時間数を変更する場合

　　　ⅰ．所定労働時間の増加（延長）

　　　　例えば、1日7時間30分、週37時間30分（7.5時間×5）を、法定労働時間ぎりぎりに、1日8時間(＋0.5時間)、週40時間(＋

2.5時間）と増加させる変更です。労働契約にとって労務の提供は重要な要素であり、その中でも、労働義務を負う時間数を長くするのは、重要な労働条件の大きな不利益変更といえます。他方、所定労働時間の延長に伴って当該時間分の賃金が支払われるか否かは、法的には、労働時間を延長される労働者が受ける不利益の程度の中で検討されることになります。

そこで検討しますと、まず、増加（延長）時間分の賃金が支払われないときは、働く時間が毎日30分ただ増えることになるので、労働時間という重要な労働条件が何の代償もなしに大幅に不利益変更されることになります（しかも、残業代の単価まで下がります）。よって、法内残業代を支払い続けると企業の経営が悪化する等、変更の必要性がきわめて高度にないと、合理性は認められないでしょう。

次に、増加（延長）時間分に見合う賃金が支払われるときは、有給の法内残業を所定労働時間化し、それに伴って賃金も増える、ということです。そして、多くの企業では、1日30分程度の法内残業はしていることに鑑みると、労働者の不利益はさしてないと考えます。よって、当該企業に法内残業が常態化している等の変更の必要性があれば、合理性は認められるでしょう。

ⅱ．休憩時間の増減
①休憩時間の増加

1日の休憩時間を増やすことは、利益の面もありますが、拘束時間が増える（当該企業の施設に居なければならない時間が増える）ことになるので、不利益ともいえます。

例えば、休憩時間を1日30分とか1時間増やすことで拘束時間が増えても、たいした不利益変更ではないといえますので、残業の多い企業で、夕方30分の休憩時間を認めてリフレッシュし、効率の良い残業にして長時間残業をなくそうということであれば、変更の必要性、相当性はあり、全体として合理性は認められるでしょう。

では、休憩時間を3時間とか5時間とか大幅に増やすことで拘束時間が増えるときはどうでしょう。不利益性は高まるといえます。企業側に相当程度の必要性がないと、合理性を否定される可能性が

多分にありますので、慎重に検討しなければなりません。例えば、1日5店舗は回るトラック運転手に配送先の店舗等で納品のための順番待ちの手待時間があったとします。それを、顧客である店舗と交渉した結果、店舗に到達後15分は店舗の駐車場を使用でき、その間はトラックから離れることが可能になりました。するとその時間は手待ではなく、労働から解放することができるので、その時間数×店舗数の合計時間数分が休憩時間として付与が可能です。そこで、その分、法定外休憩時間を付与し、他方、手待時間（労働時間）を減らすとします。この場合、手待時間は、ただ運転席に座り、順次トラックを前に進めて自分の荷降ろしの番が来るまでトラックを動かすだけの時間なので、きわめて労働密度の低い時間です。これを上記交渉の結果その作業が消滅し労働から解放されるので、労働者の受ける不利益は、（賃金が発生していた）労働密度のきわめて低い労働の消滅に伴うその時間分の賃金の不発生で、賃金は減ってもさしたる不利益はないと分析できます。他方、非効率な納品作業の効率化、無駄な人件費の圧縮を目的とする変更に必要性は充分あり、内容も納品作業の効率化に伴ってその分の時間を法定外休憩時間として付与するわけなので、相当といえます。よって、この場合であれば、合理性は認められるでしょう。

②休憩時間の減少

　労基法34条の時間数は確保した上で1日の休憩時間を減らすのは、不利益な面もありますが、拘束時間が減るので利益ともいえます。

　この問題も、上記①と同様で、減る時間がそれほど多くなければ、同時に拘束時間も減るのであり、不利益はたいしたものではないといえます。よって、変更の何らかの必要性があれば、合理性は認められるでしょう。

　次に、長時間の休憩時間によって長い拘束時間があったのを休憩時間の短縮によって拘束時間も減らす場合は、休憩時間が減っても、拘束時間も同時に減り、早く帰宅できることになるので、通常は、利益の方が大きいといえ、合理性は容易に肯定されるでしょう。

　ⅲ．休日の増減

①休日の増加

　月給制で賃金はそのままにしながら休日を単純に増やす（例えば、月2日増）のは、不利益変更ではありませんが、その休日分相当の時間数分（上記例で、月2日×7時間＝14時間）で所定労働時間（ただし、1日の法定労働時間の範囲内）を長くする（上記例で、月初、月末の各7日の労働日の所定労働時間を各1時間増やして8時間とする）のであれば、その点が労働条件の不利益変更となります。そして、その労働時間が不利益に変更されたことのその不利益の程度の検討の中で、休日の増加が考慮されます（羽後銀行事件　最三小判平12・9・12、函館信用金庫事件　最二小判平12・9・22参照）。

　次に、日給制では、休日を増やせば、労働日が減るのでそれに比例して賃金も減り、やはり不利益変更の問題となります。労働日と賃金が減少する中で休日の増加がその不利益の程度の検討の中で考慮されます。

　月給制の休日増、その代わり所定労働時間増は、前掲最高裁判例があり、その中で考え方ははっきり示されているので、日給制について以下、検討します。まず、休日増とその分の賃金減は、労働者の受ける不利益は賃金減の点で、それに相当する休日増は逆に利益といえ、これを形式的に見ると、プラスマイナスゼロで不利益はほぼないとなります。しかしながら、労働日が減ることで賃金が減るのは、単純な算数の問題ではなく、実質的観点から検討されるべきで、不利益性は相当程度あります。したがって、企業業績の悪化からワークシェアリングで雇用を守る必要等、変更の必要性が相当程度ないと、合理性は否定されかねません。

②休日の減少

　休日を減らすのは不利益変更ですが、その分労働日の所定労働時間も減るのなら、休日の日数減の不利益の程度の検討の中で、1日の所定労働時間の減少が考慮されます。

　これは、上記①の月給制のケースと反対のケースです。形式的には総労働時間はプラスマイナスでゼロとなりますが、いかに労働時間数が減っても労働日が増えるのは、労働者から見れば実質的には

不利益でしょう。よって、相当程度の必要性がないと、合理性は否定されかねません。
イ．所定労働時間等の枠組を変える場合
　ⅰ．所定労働時間等の枠組の変更
　　例えば、9時〜17時30分（12時〜13時に1時間休憩）の所定労働時間等の枠組を、8時〜16時30分（休憩時間帯は変更なし）に変更する場合です。
　　この問題は、次のように考えます。朝9時に出社すればよかったのが、8時に早くなったのは不利益変更となるが、退社時刻は逆に1時間早くなったから、それは利益であり、それらを考えると不利益変更の程度はさほどない。そうなると企業に所定労働時間等の枠組を変更する必要性がそれなりにあれば、相関的に見たときは合理性あり、ということになるでしょう。
　ⅱ．休憩時間の枠組の変更
　　例えば、上記ⅰの例で、休憩時間を11時〜12時に変更する場合です。
　　上記ⅰと同様に考えます。そうすると、労働者の不利益はさほど(ほとんど)なく、企業にその変更の必要性がそこそこあれば、合理性は肯定されるでしょう。
　ⅲ．休日の枠組みの変更
　　例えば、週休2日制で、それまで土曜日、日曜日だったのを、水曜日、木曜日に変更する場合です。
　　やはり、上記ⅰ、ⅱと同様に考え、土曜日、日曜日休みで子どもたちと一緒に過ごせたのが労働日になる点は不利益だが、水曜日、木曜日が休日になることで一般の人が働いている日が休みになる結果、どこに行くにもそれほど混み合わない、という利益であり、加えて、子どもたちの行事で土日休む必要があれば年休を取得することもできるわけであり、これら労働者の不利益を考えると、不利益の程度はほとんどありません。そうなると、企業に休日を変更する必要性が相当程度あれば、合理性は肯定される、ということになります。

(2) 変形労働時間制、変形休日制の変更

　変形労働時間制や変形休日制の新設は、不利益変更の問題となるでしょうか。

　たしかに変形労働時間制や変形休日制は、通常の労働時間で休日を特定した勤務体制に比べれば不規則で不安定なので、通常の労働時間で休日を特定した勤務体制と同じ労働時間数や休日日数の枠内で変形労働時間制や変形休日制にしたとしても、労働条件は不利益になります。

　しかしながら、変形労働時間制や変形休日制自体、労基法の制度であり、その法令で労働者保護のための規制がされているので、労働者に生ずる不利益は一応の配慮がされているといえます。したがって、その不利益の程度は、通常の労働時間で休日を特定された勤務体制と同じ労働時間数や休日日数であることが条件ですが、変形労働時間制や変形休日制の新設（就業規則を変更する）では、労働者の受ける不利益はさほどの程度とはいえず、したがって、新設の必要性がそれなりにあれば、その変更には合理性が認められると考えます。

(3) 裁量労働制の変更

　変形労働時間制等の議論と同様です。つまり、裁量労働制の新設は、労働条件の不利益変更といえますが、裁量労働制は労基法の制度であり、その法令の中で労働者保護のために規制がされているので、労働者に生ずる不利益には一応の配慮がされているといえます。よって、その制度の新設によって労働者の受ける不利益の程度はそれほどのものではなく、裁量労働制を新設する必要性があれば、その変更には合理性が通常は認められると考えます。

Ⅷ 時間外・休日労働

1．規定化の法的意味

　時間外・休日労働自体は、労働義務の枠組（労基法89条1号「始業及び終業の時刻、休憩時間、休日、休暇並びに労働者を2組以上に分けて交替に就業させる場合においては就業時転換に関する事項」）ではありませんが、すべての労働者を対象に時間外・休日労働を義務づけることは、同条10号「当該事業場の労働者のすべてに適用される定めをする場合」（相対的必要記載事項）に該当するので、それを制度化するのであれば、就業規則への明記が必要です。

2．規定の戦略的意義

　時間外・休日労働は、三六協定を締結し労基署長に届出しても、それだけでは私法的効力が生ずるものではありません。つまり、企業は労働者に時間外・休日労働を命ずることはできないのです。企業が労働者に時間外・休日労働を命ずるため（私法的効力の発生）には、労働契約上の根拠が必要です。その根拠を取得するのに一番手っ取り早いのは、就業規則に明記することです。

3．規定化の内容

　時間外・休日労働の私法的効力取得のためにどこまで明記する必要があるかは、議論がありますが、日立製作所武蔵工場事件で最高裁（最一小判平3.11.28）は、協定により時間外労働をさせることができる旨の就業規則の規定を根拠に、労働者の時間外労働義務を肯定しました。就業規則上の規定は合理的なものであれば労働契約の内容になるとの判例に従い、基本的には包括的同意説を採用したものですが、就業規則上の規定（三六協定を引用したもの）の合理性の判断にあたり、時間外労働の事由（「納期に完納しないと重大な支障を起こすおそれのある場合」、「生産目標達成のための必要ある場合」、「業務の内容によりやむをえない場合」などの時間外労働の事由）が限定されていることも考慮したものとみられます（山川隆一『雇用関係法』第4版175頁参照）。

一般的には、資料1　第27条（171ページ）のような、簡単な内容で規定化されていますが、三六協定の届出が時間外・休日労働義務が生ずる効力要件であること、同協定は、事業場の労働者へ周知する義務があること（労基法106条1項、労基則52条の2）も合わせ考えると、労働者は周知された三六協定の範囲内で時間外休日労働義務を負うであろうことは認識できるので、その私法上の効力を認めても、上記最高裁判例に反するものではないと考えます。

4．規定変更（新設）による労働条件の不利益変更

　時間外・休日労働の規定がなかったのに新設したり、規定はあるものの同命令発令の事由が厳格なのを広げたりするときは、労働者にとって時間外・休日労働をする可能性が高まるので、労働条件の不利益変更になります。

　そこで、労働者が受ける不利益変更の程度を考えると、時間外・休日労働を義務とする規定の新設や事由の拡張をしても、企業の同命令権は権利濫用法理（労契法3条5項）によって規制されるのであって、かかる義務の新設等で直ちに無条件に時間外・休日労働をするものではないこと、また、仮に時間外・休日労働を行えば、それに対応する賃金の支払が通常されるので、不利益の程度はそれほどのものではないと考えます。加えて、元々法定労働時間は「絶対的な上限ではなく、それをこえる労働を一定の要件の下に例外的に許容する…原則的上限」（菅野和夫『労働法』第9版271頁）であり、時間外・休日労働が法定労働時間（労基法32条）を超え法定休日（同35条1項）に労働することになっても、法が予想していたものといえます。

　以上から、時間外・休日労働の義務規定の新設又は事由の拡張は、企業にある程度の必要性（例えば、所定労働時間内では業務がまわらないことがあるという程度）があるのであれば、合理性は認められると考えます。

　後は、運用において、権利濫用法理（労契法3条5項）によって、個別事案における労働者の利益と企業の利益が調整されることになります。

Ⅸ 出退勤

1．規定化の法的意味

　自己の雇用する労働者の出退勤を管理することは、通達（平13.4.6基発339号）からも企業の義務ですが、同時に、就労請求権を有する企業の権利でもあります。その管理は、企業と労働契約を締結する全労働者に対してすることになるので、労基法89条10号の「当該事業場の労働者のすべてに適用される定めをする場合」（相対的必要記載事項）に該当し、それを制度化するのであれば、就業規則への明記が必要です。

2．規定の戦略的意義

　企業が自己の雇用する労働者の出退勤を管理することは、義務であるとともに権利です。きちんと出退勤を管理することは、職場のモラルを維持する上で必要不可欠です。

3．規定化の内容

　労働時間の把握ですが、これは、労基法が「労働時間、休日、深夜業等について規定を設けていることから、使用者は、労働時間を適正に把握するなど労働時間を適切に管理する責務を有していることは明らかであ」（平13.4.6基発339号）り、かかる観点から、同通達が定める企業の「労働時間の適正な把握のために」必要な措置は、次のとおりです。

　　ⅰ　企業が始業・終業時刻を確認し、記録すること。
　　ⅱ　原則として、次のいずれかの方法によること。
　　　・企業が、自ら現認することにより確認し、記録すること。
　　　・タイムカード、ICカード等の客観的な記録を基礎として確認し、記録すること。
　　ⅲ　ⅱの原則的方法ではなく自己申告制によりこれを行わざるを得ない場合は、労働者に労働時間の実態を正しく記録し、適正に自己申告を行うことなどについて十分な説明を行い、自己申告により把握した労働時間が実際の労働時間と合致しているか否かについて、必要に応じて実態調査を実施すること。

ⅳ　労働時間の記録に関する書類は、労基法109条に基づき3年間保存すること。

　以上の通達を尊重して規定化します。資料1　第28条(171ページ)以下がその例です。

4．規定変更（新設）による労働条件の不利益変更

　企業が自己の雇用する労働者の出退勤を管理することは、義務であるとともに権利であり、その管理の仕方は、上記通達を尊重しながら、企業がその責任と権限に基づいて行うものであって、そのことで労働者に固有の不利益が生ずるものではないので、その出退勤の管理の仕方を変更しても、労働条件の不利益変更の問題ではないと考えます。

X 年次有給休暇

1．規定化の法的意味

　年次有給休暇（以下、単に年休といいます）に関する事項は、労基法89条1号（「…休暇…に関する事項」）にあるとおり、絶対的必要記載事項であり、当該事業場に労働者が10人以上いるとき作成が義務づけられている就業規則には、必ず記載しなければならない事項です。

2．規定の戦略的意義

　年休は、法律（労基法39条）どおり付与するだけなら、就業規則にわざわざ多くのスペースをさいて明記する必要はなく、ただ、「社員は、労基法39条の定めに則って年次有給休暇を取得でき、会社は同条に則って時季変更権を行使できる」とだけ、規定すればよいのです。

〈労基法39条、労基則24条の3による年休日数〉

雇入れの日からの継続勤務期間			6ヵ月	1年6ヵ月	2年6ヵ月	3年6ヵ月	4年6ヵ月	5年6ヵ月	6年6ヵ月
年次有給休暇付与日数	原則		10	11	12	14	16	18	20
	例外（ただし、週労働時間30時間以上を除く）								
		週所定労働日数4日又は年169〜216日	7	8	9	10	12	13	15
		週所定労働日数3日又は年121〜168日	5	6	6	8	9	10	11
		週所定労働日数2日又は年73〜120日	3	4	4	5	6	6	7
		週所定労働日数1日又は年48〜72日	1	2	2	2	3	3	3

　しかし、多くの企業では、法律どおりではなく、斉一的付与、事前申請等独自の設計をして年次有給休暇を付与します。その場合は、就業規則にその独自設計の趣旨から、クリアーに明記する必要があります。

3．規定化の内容

(1) 斉一的付与

　労基法39条は、年休を雇入日から最初の6ヵ月で10日、その後1年6ヵ月で11日 etc と、雇入日を起算日として付与しています。当該企業の労働者の雇入日が皆共通（例えば、4月1日）であれば、年休の管理は容易ですが、中途採用を行ったりしていると、労働者によって年休の起算日が異なり、管理が大変です。

　そこで、多くの企業では、斉一的付与といって、起算日でそろえることで労働者の年休の付与日をそろえます。そのために用いられる最も多い方法は、雇入年度に前倒しで付与し、次年度以降は、年休取得日を、例えば1月1日とか4月1日というように、統一するやり方です。

　資料1　31条（172ページ）は、法令どおりですが、斉一的付与の例としては、次のようなものです。

＜斉一的付与の例＞

第〇条　年次有給休暇

1．従業員には、次項以下の年次有給休暇を与える。但し、3項の規定は前の年次休暇年度（年次休暇年度とは、1月1日より12月31日までの1年の期間）の出勤すべき日における出勤率が80％以上の場合のみ適用する。

2．従業員には、入社日の属する年次休暇年度（初年度）は、次の年次有給休暇を与える。但し、会社が個別に定める場合には、その定めのとおりとする。

1月　20日	4月　15日	7月　10日	10月　5日
2月　18日	5月　13日	8月　8日	11月　3日
3月　17日	6月　12日	9月　7日	12月　2日

3．従業員には、次年度の年次休暇年度から、毎年1月1日に、次の年次有給休暇を与える。但し、会社が個別に定める場合には、

> その定めのとおりとする。
>
> 　　　　２年度から20年度　　20日
> 　　　　21年度以降　　　　　25日
>
> 4．当該年次休暇年度内に退職することが明らかな場合には、その年度の年次有給休暇は按分付与する。
> 5．当該年度において付与された年次有給休暇日数が年度末に残存する場合は、翌年に限り繰り越す。年次有給休暇を繰り越した場合、翌年度における休暇の請求は、繰り越し日数より請求したものとみなす。
> 6．年次有給休暇を受けようとするときは、３日前までに所定の手続きにより会社にその請求をしなければならない。
> 7．会社は、年次有給休暇の請求について業務遂行上支障のある場合には、従業員の請求する時季または期間を変更することがある。但し、第２項の年次有給休暇の請求については、その従業員の試用期間中に限り、会社の承認を必要とする。

　この斉一的付与において、戦略的観点から注意すべきは、前倒しで付与した年休権は、法所定の要件を上回るということです。したがって、法所定の要件を充足するまでは（例えば、初年度の年休なら６ヵ月以内）、労基法の規制はされないのです。よって、上記規定例７項但書のように、試用期間の年休取得を会社の承諾を条件とすることも、できるのです。

⑵　法令を上回る日数の付与

　法令は、上記２のとおりの年休日数を付与しますが、多くの企業では、これを上回る日数の年休を付与しています。この上回る日数分の年休は、労基法39条の年休ではなく、任意に付与された有給休暇です。
　例えば、上記⑴の規定例の付与日数のうち、
　・初年度で10日を上回る日数及び６ヵ月経過前に付与される日数、
　・２年度以降も、法令所定の計算よりも早く付与された日数、

がこれにあたります。

　これらの日数については、時季変更権等の労基法の規制はされないと考えます。

　ただし、これを区別して定めておかないと、取得した年休が労基法39条の年休か任意の有給休暇か分からないので、結果、法令所定の規制がされることになります。

(3)　事前申請義務

　最高裁（電電公社此花電報電話局事件　最一小判昭57.3.18）は、年休取得にあたって労働者に年休の事前申請義務を定めても、合理的なものである限り有効としています。

　よって、上記(1)の規定例6項では、事前に所定の手続により請求することを義務づけていますが、この所定の手続が特に問題のあるものでなければ、有効です。

(4)　按分付与

　年休の付与を、当該年度中に退職することが分かっている労働者に按分して付与することは可能でしょうか。例えば、1月1日が年休付与日の企業で2月末日に退職することが分かっている労働者に、その1月1日に付与する年休日数20日につき、20日÷12ヵ月×2ヵ月≒3日付与、というようにです。

　その按分付与日数とそれまで付与してきた年休日数の合計が法律（労基法39条）で発生する日数を下回らない限り、労基法39条違反の問題は生じません。その条件を満たす限り、按分付与も可能です。

4．規定変更（新設）による労働条件の不利益変更

(1)　斉一的付与の変更

　例えば、起算日を1月1日から4月1日に遅らせる場合は不利益変更になるでしょうか。もちろん、4月1日に遅れることで労基法39条1項を下回ってしまうことがないことが、前提です（下回ってしまえば違法であり、無効となります）。

　上記の例は、移行に伴ってその移行年度は3ヵ月付与が遅れる以

上、不利益変更となります。

当該遅れる3ヵ月分を按分で付与すれば、労働者の受ける不利益はさほどないといえるので、変更の必要性として一応のものがあれば、容易に変更は可能（合理性あり）です。

他方、当該3ヵ月分を按分で付与しないときは、丸々その間不発生となるので、不利益の程度はそこそこあります。よって、合理性を肯定するためには、それなりの必要性と按分付与できない理由が必要です。仮に合理性が否定されたら、前の要件（条件）のもとで計算された年休日数が付与されていることになります。

(2) 法令を上回る日数についての規制

例えば、入社より6ヵ月以内に付与した年休につき、3ヵ月の試用期間中は会社の承認を要する（時季変更権ではなく）と変更することは可能でしょうか。不利益変更問題は、既得の権利を不利益に変更されたときに生ずる問題なので、既に入社した労働者に対して発生するものです。そこで問題になるのが、4月1日入社した者が入社日に（前倒しで）付与された年休を試用期間中に取得しようとしたところ、5月1日に就業規則が変更された結果、会社の承認が必要となり、そして会社は試用期間中の大事な時期なので承認しないとすることが可能か、です。

当然、労働条件の不利益変更となりますが、法令を上回る年休に関するものであり、しかも、賃金等のような重要な労働条件でもないこと、承認が必要としているだけで禁止ではないことからすれば、労働者への不利益の程度はそれほどではない、と評価できます。

よって、変更の必要性がそれなりにあれば（例えば、試用期間は正社員としての適格性があるかのテスト期間なのに、試用期間中に年休取得する者が最近目立ち、適格性の見極めに支障が生じている、という場合など）、合理性は肯定されるでしょう。

(3) 事前申請義務の新設

例えば、それまで特に手続の定めのなかったところ、3日前に所定の申請をしなければならない、という手続規定の新設は可能でしょう

か。

　当初からかかる定めをすることは、上記3⑶で紹介した最高裁判例に照らし可能です。新設は、それまで手続的制約のなかったところに新たな制約を創設するので、やはり不利益変更です。

　ただ、3日前の会社所定の申請義務は、別に無理のあるものではなく、年休権を実質的に制約するとはいえないので、かかる内容の手続を新設する必要性がそれなりにあれば（例えば、所属部門が業務の繁忙期への対応に必要であれば、それなりに必要性があります）、合理性はあります。ただ、仮に、3日前の事前申請ができない状況のため前日に申請したという場合（例えば、前日に子供の面倒を見てくれたベビーシッターが病気になって翌日手配がつかない）に、会社がその申請された日に当該労働者が年休を取得しても業務に支障はないなら、年休取得を認めなければならないと考えます。ただこれは、変更規定の合理性の問題ではなく、個別ケースにおける年休権行使の有効性の問題です。

⑷　按分付与の新設

　例えば、上記3⑴の規定例のように、退職日が当該年次休暇年度が始まって早々（1月末、2月末）というとき、丸々（法律を上回る）年休は付与したくないと考えたとき、これは可能でしょうか。

　前述したとおり、その按分付与日数とそれまで付与してきた年休日数の合計が法律（労基法39条）で発生する日数を下回らない限り、労基法39条違反か否かの問題は生じません。

　問題は、それを新設することが不利益変更となるが可能か、です。法律を上回る休暇の付与は重要な労働条件ではないこと、それまで法律を上回る休暇を付与されてきたこと、他方、当該年度は退職予定で実質そのような豊かな年休を行使する期待はさほどないことからして、不利益の程度は大きくないといえます。他方、他の労働者のモチベーション等に照らすと、按分付与の新設は、それなりに必要性は認められ、内容も相当であって、一定の合理性はあると考えます。

XI その他の法定休暇・法定休業

1．規定化の法的意味

　有給が保障されていない法定休暇・法定休業でも、労基法89条1号（「…休暇…に関する事項」）にあるとおり、絶対的必要記載事項であり、当該事業場に労働者が10人以上いるとき作成が義務づけられている就業規則には、必ず記載しなければならない事項です。

　なお、休日、休暇と休業の区別を確認すると、休日とは、労働者が労働契約において労働義務を負わない日です。これに対して、労働者が労働義務を負いながら企業から就業させないとする日を休業日、労働者が権利として労働義務から離れることができる日を休暇といいます。

2．規定の戦略的意義

　有給が保障されていない法定休暇・法定休業は、まず労基法の定めるものとしては
　・公民権行使（労基法7条）
　・産前産後休業（同65条）
　・育児時間の請求（同67条）
　・生理休暇（同68条）
があります。
　労基法以外の法律が定めるものとして、主なものでは
　・育児休業（育介法5条以下）
　・介護休業（同11条以下）
　・子の看護休暇（同16条の2以下）
　・介護休暇（同16条の5以下）
があります。
　これらの法定休暇・法定休業を、さらに長く（多く）認めるとか有給とするかなどは、企業の全くの裁量です。よって、当該企業の文化、人事政策から必要な範囲で検討すべき問題です。

3．規定化の内容

これらの休暇・休業を法律の定めるとおり付与する限りでは、そのことを就業規則に明記すれば（例えば、「育児休業については、育児介護休業法に定めるとおり認める」というように）、それで足ります。しかし、法律の定めるものより長く（多く）認めるとか（例えば「育児休業を子供が小学校２年生終了まで認める」）、有給にするとか（例えば、「公民権の行使のうち裁判員としての活動は有給」）、他方、法所定の手続で限定する（例えば、育児介護休業につき、労使協定等で申出対象者を限定する）ときは、就業規則に具体的に明記する必要があります。

4．規定変更（新設）による労働条件の不利益変更

法律で定められた休暇・休業を就業規則で制限する変更（例えば、産前６週間の休業を４週間に短縮する等）は無効ですが、法律を上回る労働条件を設定していた（例えば、休暇・休業を有給としていた）のを、無給に変更することは、違法にはなりませんが、労働条件の不利益変更となります。

(1) （無給の）休暇・休業期間を短縮する場合

例えば、産前10週間の休業を法定どおり（労基法65条）６週間にする場合などです。

（無給の）休暇・休業期間の短縮は、重要な労働条件に関する不利益変更ではないので、変更する必要性が高度であることは求められません。それなりの必要性があれば、足ります。加えて、産前６週間に短縮後、もしそれまで休業を認めてきたその４週間分を欠勤したとしても届出すれば別に不利益に取扱わない、ということであれば、（無給の）休業と実質的に同様の取扱いをするわけで、労働者の受ける不利益の程度は軽いといえます。よって、一応の変更の必要性があれば、合理性は認められるでしょう。

(2) 有給を無給とする場合

例えば、産前６週間の休業をそれまで有給としていたのを無給に変

更する場合などです。

　上記(1)と同様、この不利益変更は、重要な労働条件に関する不利益変更ではないので、変更する必要性が高度であることは求められません。それなりの必要性があれば、足ります。ただ、上記(1)と異なり、それまで有給にしたのを無給にするので、労働者の受ける不利益の程度は相当程度あります。したがって、上記(1)よりは、合理性の判断は慎重にされると考えます。例えば、能力（成果）主義への転換の下、福利厚生制度全体の見直しの中で他の福利厚生給与と同様に削減し、他方で賞与等の原資を手厚くするとか、あるいは、当該企業業績が長期低下したため人件費を削減する必要があり、そのためまずは福利厚生制度の廃止・縮小をせざるを得ない、といったことが挙げられます。

XII 任意の休暇・休業

1．規定化の法的意味

慶弔休暇、病気有給休暇等、法定休暇以外で企業が任意に制度化するものは、労基法89条10号の「当該事業場の労働者のすべてに適用される定めをする場合」（相対的必要記載事項）に該当するので、それを制度化するのであれば、就業規則への明記が必要です。

2．規定の戦略的意義

慶弔休暇、病気有給休暇等の任意の休暇・休業を導入するか否かは、全くの企業の裁量であり、通常、企業は、私傷病休職の導入と同様、福利厚生の観点から導入の有無、導入する場合の制度設計を決めます。ただ、一度導入し具体化した制度は、労働者の既得の権利となり、それを縮小することは労働条件の不利益変更の問題となるので、導入するときは、とりあえずは控えめに導入し、その後実際の運用状況等を検証してさらに内容を充実させるか否かを決めるのがよいでしょう。

3．規定化の内容

多くの企業で導入されている制度を挙げて解説します。

(1) 慶弔休暇

慶弔休暇の事由及び日数の設計は、企業の全くの裁量です。最近は、例えば、結婚などの事由による休暇を、忙しい時期にとれなかったとして結婚から1年以上経過した時期に取得され、どうしたものかと考える事態が発生してます。たしかに結婚後、相当期間経過後の休暇取得は、制度の予定していないことといえます。よって、制度設計の段階で、例えば、取得するときは1年以内との制限をすることも当然可能です。

なお、慶弔休暇を有給にするか無給にするかは、企業の全くの裁量ですが、日数が少ないことと、めったにあることではないので、導入する以上は有給とするのが圧倒的に多いです。

(2) 病気有給休暇

　これは例えば、2年経過して失効した年休を最大50日まで病気有給休暇として認めるとか、毎年10日病気有給休暇を認めるというのが、典型的です。さらに、それらの変形で、自分の病気のときだけでなく同居の親族の病気のときも認めるものもあります。

　毎年付与する例では、1年限りとするものがほとんどです。労働債権の消滅時効は2年（労基法115条）ですが、この休暇が任意の制度の内容として発生する性格からして1年限りも有効と考えます。

4．規定変更（新設）による労働条件の不利益変更

任意の休暇・休業の不利益変更という場合、前記XIと同様、
・（無給の）休暇・休業期間の短縮
・（それまで）有給であったのを無給とする
という場合が想定されます。

(1) （無給の）休暇・休業期間の短縮

　例えば、毎年20日付与する病気休暇で、5日を有給で、15日を無給で付与していたのを、15日の無給休暇を5日（10日減）とする場合などです。

　（無給の）休暇・休業期間の短縮は、重要な労働条件に関する不利益変更ではないので、変更する必要性が高度であることは、求められません。それなりの必要性があれば、足ります。加えて、無給休暇を15日から5日に短縮後、もしそれまで休暇を認めてきたその10日分を欠勤したとしても届出すれば別に不利益に取扱わない、ということであれば、（無給の）休暇と実質的に同様の取扱いをするわけで、労働者の受ける不利益の程度は軽いといえます。よって、一応の変更の必要性があれば、合理性は認められるでしょう。

(2) （それまで）有給であったのを無給とする

　例えば、上記(1)の病気休暇制度で、5日の有給を無給とし病気休暇20日はすべて無給とする場合などです。

上記(1)と同様、この不利益変更は、重要な労働条件に関する不利益変更ではないので、変更する必要性が高度であることは、求められません。それなりの必要性があれば、足ります。ただ、上記(1)と異なり、それまで有給にしたのを無給にするわけなので、労働者の受ける不利益の程度は相当程度あります。したがって、上記(1)よりは、合理性の判断は慎重にされると考えます。
　前記XI 4(2)の例のような場合などです。

XIII 災害補償

1．規定化の法的意味

　災害補償に関する事項は、労基法89条8号（「災害補償…に関する定め」、相対的必要記載事項）に該当するので、それを制度化するのであれば、就業規則への明記が必要です。

2．規定の戦略的意義

　労働災害（労災）については、労基法は企業に災害補償責任（75条〜84条）という無過失責任を定めますが、これを担保する国が保険者の労災保険制度（労働者災害補償保険法）が相当範囲をカバーするので、企業の災害補償責任（75条〜84条）が追及されることは、ほとんどありません。

　災害補償に関する事項を創設する企業は、むしろ国が保険者の労災保険に（やはり無過失で）上乗せする補償制度を任意に創設し、被災労働者を救済しようというものです。直接的には、被災労働者の福利厚生を厚くすることを目的としますが、より究極的には、労働者全体のモチベーションやモラルを確保するための人事政策の一環として位置付けられます。

3．規定化の内容

　任意の上乗せなので、全く設計自由です。

　ただ、第1に、団体生命保険等の外部の保険会社との保険契約を組み合わせたりするときは、その調整をし、関係を明記しておく必要があります。第2に、企業に責任のある労働災害の場合、つまり、安全配慮義務違反（労契法5条、民法415条）ないし注意義務違反（民法709条、715条）を問われるときもあることを想定し、その対応を定めておく必要があります。

　具体的な規程（後掲）を使いながら、解説します。

　まず、福利厚生の観点から制度を創るので、対象者もそれにふさわしい者に限定します。これは第2条に表れています。なお、被災者が死亡

したときの受給権者も企業の裁量で定められますが、第7条で明記しています。

次に、この制度は、労災の際の上乗せ補償制度なので、業務災害（通勤災害との区別から使われる労災の別表現）であることが給付の要件となります。これは第3条に表れています。ただし、第4条2項に一定の修正をしています。

そして、給付額は、この制度が任意の制度であることから、その金額の決定は企業の裁量に属します。その観点からの設計が、第4条1項の定めです。そして、第三者行為災害では給付したとき代位できることを、第5条で明記します。

さらに、この制度は、労災につき、企業が安全配慮義務違反（労契法5条、民法415条）ないし注意義務違反（民法709条、715条）があるとされたときの担保の機能もあるので、このこともしっかり明記する必要があります。それが第6条です。

最後に、この制度の運営（給付実行）のため団体生命保険等の外部の保険会社との保険契約に入ることが多いのですが、その場合には、その関係・調整を明記します。それが第8条です。そうしないと、労働者ないし遺族がその分をさらに別途企業に請求してきたりします。

そして、もし、この制度が団体生命保険等の外部の保険会社との保険契約への加入が前提でそれを止めるときにはこの制度も廃止するなら、はっきり明記しなければなりません。ただ、規程の本則に入れるより、付則に定める性格です。本規程では、これを付則第2条に定めます。

労災補償等規程

（目的）
第1条　この規程は、従業員が業務災害により死亡または別紙に定める高度障害状態になった場合に、会社が補償を行うことにより従業員ならびにその家族の生活の安定に資することを目的とする。

（対象者）
第2条　この規程は、労働者災害補償保険法（以下、労災保険法と

いう）の適用を受ける従業員に対して適用する。但し、次の各号に該当するものを含まない。
　①　役員（但し、出向元において従業員の身分を有するものを除く）
　②　契約社員
　③　嘱託
　④　パートタイム労働者
　⑤　付則第1条第2項の同意をしない者

（業務災害の認定）
第3条　業務災害の認定は、原則として労災保険法による認定に従う。

（給付額）
第4条　従業員が業務災害により死亡した場合は遺族に対して、または従業員が別紙に定める高度障害状態になった場合は従業員本人に対し、○○○○円を標準としながら労災補償等審査委員会（労使で構成）が従業員の年齢、勤続年数、会社への貢献度等を考慮し決定する。
　2．第3条において業務災害の認定がなされないケースでも、労災補償等審査委員会において支給するに値する事象を決定した場合は、前項と同様に支給する。この場合、故意・重過失に関する労災保険法第12条の2の2の規定は、この補償に準用する。

（第三者の行為による事故）
第5条　会社は、補償の原因である事故が第三者の行為によって生じた場合において、この規程による補償を行ったときは、その価額の限度で補償を受けた者より当該第三者に対して有する損害賠償の請求権を譲り受けるものとし、従業員またはその相続人はこれに全面的に協力する。
　2．前項の場合において、この規程による給付を受け取るべきものが当該第三者から同一の事由について損害賠償を受けたときは、会社はその価額の限度でこの規程による補償を行わない。

(会社の賠償責任)
第6条　会社に民事上の損害賠償責任が存在する場合で、会社がこの規程による補償を行ったときは、会社はその支払った価格の限度において、損害賠償責任を免れる。
　　2．前項の場合において、会社が民事上の損害賠償の支払いをしたときは、会社はその支払った価格の限度において、この規程による補償を行わない。
(遺族の範囲)
第7条　第4条の遺族の範囲（遺族の順）は、労働基準法施行規則第42条から第45条の規定を準用する。但し、従業員または遺族を故意に死亡させた遺族は、遺族の範囲から除外する。
(原資)
第8条　この規程による給付額の原資は、会社の負担で付保する従業員を被保険者とする総合福祉団体定期保険によるものとし、保険金の受取人は会社とする。

付則
第1条　この規程は、平成〇年〇月〇日から実施する。
　　2．従業員は、会社が別途定める期日までに本規程の適用を受けないことを書面で通知しない限り、本規程に同意したものとみなす。この同意は従業員である間は撤回することができない。
第2条　本規程は、第8条の総合福祉団体定期保険が終了したときは、その時点をもって廃止する。

〈別紙：高度障害状態〉
対象となる高度障害状態
1．両眼の視力を全く永久に失ったもの
2．言語またはそしゃくの機能を全く永久に失ったもの
3．中枢神経系または精神に著しい障害を残し、終身常に介護を要するもの

4．胸腹部臓器に著しい障害を残し、終身常に介護を要するもの
5．両上肢とも、手関節以上で失ったかまたはその用を全く永久に失ったもの
6．両下肢とも、足関節以上で失ったかまたはその用を全く永久に失ったもの
7．1上肢を手関節以上で失い、かつ、1下肢を足関節以上で失ったかまたはその用を永久に失ったもの
8．1上肢の用を全く永久に失い、かつ、1下肢を足関節以上で失ったもの

ア．眼の障害（視力障害）（1項関連）
①視力の測定は、万国式試視力表により、1眼ずつ、きょう正視力について測定します。
②「視力を全く永久に失ったもの」とは、視力が0.02以下になって回復の見込のない場合をいいます。
③視野狭さくおよび眼瞼下垂による視力障害は視力を失ったものとはみなしません。

イ．言語またはそしゃくの障害（2項関連）
①「言語の機能を全く永久に失ったもの」とは、次の3つの場合をいいます。
・語音構成機能障害で、口唇音、歯舌音、こう蓋音、こう頭音の4種のうち、3種以上の発音が不能となり、その回復の見込のない場合
・脳言語中枢の損傷による失語症で、音声言語による意思の疎通が不可能となり、その回復の見込のない場合
・声帯全部のてき出により発音が不能の場合
②「そしゃくの機能を全く永久に失ったもの」とは、流動食以外のものは摂取できない状態で、その回復の見込のない場合をいいます。

ウ．常に介護を要するもの（3、4項関連）

「常に介護を要するもの」とは、食物の摂取、排便・排尿・その後始末、および衣服着脱・起居・歩行・入浴のいずれもが自分ではできず、常に他人の介護を要する状態をいいます。

エ．上・下肢の障害（5、6項関連）
　上・下肢「の用を全く永久に失ったもの」とは、完全にその運動機能を失ったものをいい、上・下肢の完全運動麻ひ、または上・下肢においてそれぞれ3大関節（上肢においては肩関節、ひじ関節および手関節、下肢においてはまた関節、ひざ関節および足関節）の完全強直で、回復の見込のない場合をいいます。

4．規定変更（新設）による労働条件の不利益変更

　この上乗せ補償制度を縮小したり、廃止したりするのは、当然、労働条件の不利益変更となります。ただ、その不利益は、被災労働者にとっては直接的で現実的ですが、いまだ被災していない労働者にとっては間接的で潜在的です。その意味で、私傷病休職制度の不利益変更と類似します。
　したがって、ほぼパラレルに考えてよいでしょう。

XIV 表彰及び制裁

1. 規定化の法的意味

　表彰及び制裁に関する事項は、労基法89条9号（「表彰及び制裁の定めをする場合においては、その種類及び程度に関する事項」、相対的必要記載事項）に該当するので、それを制度化するのであれば、就業規則への明記が必要です。

2. 規定の戦略的意義

　企業が組織的統一体として活動するためには、信賞必罰は不可欠です。したがって、表彰と制裁は、企業運営上不可欠のものです。もっとも、最高裁（例えば、国鉄札幌運転区事件　最三小判昭54.10.30）は、表彰はともかく制裁は、「規則の定めるところに従って」しか、なしえないと判示します。つまり、制裁（事由と処分の両方）は、就業規則に明記しないと行うことができないのです。

　加えて、上記1のとおり、労基法89条9号は、表彰についても制度化するときは就業規則に明記しなければならないとするので、いずれにしても、企業は、組織的統一体として運営・活動する上で信賞必罰を確保するため、表彰と制裁を就業規則上に制度化することは、絶対に必要なのです。

3. 規定化の内容

(1) 表彰

　筆者の印象としては、多くの企業は、制裁、すなわち懲戒処分の事由と処分内容の明記には熱心なのに、表彰については、不熱心で内容もあっさりしているし、運用も不活発と感じます。

　企業はもっと大切な戦力である自企業の労働者のモチベーションを高めるため表彰制度を充実させ、かつ運用も活発にすべきです。すなわち、

・自企業の価値・文化を具体化する活動をした労働者
・対外的信用を高めた労働者

Ⅳ　表彰及び制裁

・対内的に他の労働者の模範となったりモチベーションを高めた労働者

には、それにふさわしい見返りを与えるべきです。

　資料1　第41条、第42条（175ページ）では、ごく一般的な表彰の規定をしてますが、もっと具体的に、そして多額の見返り（金一封10万円など、少なすぎます）をすべきと考えます。

(2)　制裁

　最高裁によっても、制裁事由と制裁処分の内容は明記しなければならないので、資料1　第43条（175ページ）で懲戒処分の種類・内容、第44条、第45条（176ページ）で懲戒事由を明記することが、最低限必要です。

　以下では、主な注意点を述べます。

ア．懲戒処分の種類・内容の明記

・軽い処分から重い処分まで万遍なく用意する。

　そうしないと、非違行為（非行、違法＝非違）に対応した相当な処分が見つからず、やむなく軽い処分をせざるを得ない、ということになるからです。

・各処分を併科するなら、その旨明記する。

　処分は明記しないとできないので、例えば、けん責と減給の併科などをするときも、その旨明記しないとできません。そして、併科することを明記していれば、それ自体が一つの処分なので、二重処分にもなりません。

イ．懲戒事由の明記

・明記の仕方と注意事項

　懲戒事由の明記は、懲戒処分毎（例えば、けん責、減給等毎）に事由を明記する方法、軽い懲戒処分事由と重い懲戒処分事由に分けて明記する方法、すべての懲戒処分事由をまとめて明記する方法等があります。資料1　44条、45条（176ページ）は真ん中の方法です。

前二者では（特に一番最初）、各事由間に矛盾が生じないよう注意が必要です。つまり、軽い懲戒事由は軽微な事由で、重い懲戒事由は重大な事由である必要があります。例えば、けん責事由に無断欠勤５日と記載しながら、減給事由では無断欠勤３日では、事由間に矛盾が生じ、整合性がありません。
　その他、普通解雇事由と懲戒解雇事由との整合性にも注意が必要です。一般的には、普通解雇事由より懲戒解雇事由の方が、問題行動の重大性があるはずであり、例えば、普通解雇事由で無断欠勤３週間とあるのに、懲戒解雇事由では無断欠勤２週間とあるのは、整合性がありません。

・各事由の最後に必ず包括事由を入れる。
　懲戒処分は、明記された事由以外で処分はできません。つまり、懲戒事由が限定列挙である点は、労働法上、異論のないところです。したがって、懲戒事由が不備だと事由該当性なし、ということで懲戒処分ができません。よって、必ず、「前各号に準ずる程度の不都合な行為があったとき」という包括事由を、事由の列挙の最後に入れておく必要があります。

・各事由をあまり厳格に定めない
　懲戒処分は、懲戒事由に該当する行為があっても、労契法15条の懲戒権濫用法理の適用の結果、当該懲戒処分を相当とする程度の非違行為があるか、の実質判断がされます。
　他方、懲戒事由の定めがあまりに厳格だと、これに該当しなければ該当性なし、として実質判断に進む前に懲戒権濫用となります。
　よって、あまり謙虚に懲戒事由を厳格に定めることは、企業が自分の手足を縛ることになります。「重大な」とか「著しい」とか「回復しえない損害」などの表現は、自らの懲戒権を不必要に縛るといえます。

・懲戒処分の公表は被処分者のプライバシーの問題が生じうる
　懲戒処分は、企業がその被処分者との労働関係に基づいて行う個別の人事上の処分です。したがって、懲戒処分をされたこと自体、他の労働者は分からないのが原則であり、これを知らせることは、被処分者のプライバシーと抵触します。また、セクハラ等のケース

で懲戒処分がされた場合は、被害者のプライバシーにも配慮が必要となります。

　ただ、やってはいけないことをやったときにはきちんと処分されることを公にすることで企業秩序の維持に資するなら、その利益と被処分者のプライバシーとの比較衡量がされ、前者の利益が上回れば、公表は可能です（被処分者のプライバシー侵害にならない）。

　では、就業規則に懲戒処分の結果は公表すると明記したときは当然に可能か、が問題になりますが、その規定自体、被処分者のプライバシーとの関係で限定解釈されますから、結論に大きな差は生じないでしょう。

　企業が公益法人のときは、公益法人の職員の非違行為である性質上、公表することによって他の職員の秩序維持へのモラルを向上させる必要性は高いので、営利企業に比べれば、公表は肯定されやすいといえます。

・懲戒委員会は不要

　企業によっては、懲戒委員会を懲戒手続の中に設定するものがありますが、筆者は不要と考えます。機動的に懲戒権を行使する足かせになり、本来懲戒処分すべき事案でその処分ができなくなるからです。例えば、ある会社で1億円を横領した社員が発覚後直ちに退職届を提出すれば、民法627条で2週間で退職の効果が発生し、その間に懲戒解雇をしなければ、もはやできません。懲戒委員会などがあれば、開催手続や審議で手間・時間がかかり、2週間など簡単に過ぎてしまいます。それを見ていた他の労働者が、あれほど悪い行為をしても懲戒解雇にならなかったのかと思い、会社の権威が傷つきます。

　どうしても懲戒委員会の設置をしたいなら、懲戒処分後の不服（再審査）申立手続を設け、その審査機関として位置付ければよいでしょう。

ウ．その他（運用）

・懲戒解雇で予告金を支払わない即時解雇は、事前に所轄労働基準監督署長に適用除外認定申請し、実際に認定を得ることが必要で

す。申請と処分の同時併行はできません。もっとも、適用除外認定手続を無視しても、私法上の即時解雇である懲戒解雇の効力に影響はありませんが、所轄労働基準監督署から是正勧告をされる可能性が高いです。

4．規定変更（新設）による労働条件の不利益変更

(1) 表彰について

　表彰制度は、労働者のモチベーションを高めるためにあるので、表彰の対象となった労働者はその反射的効果としてその利益を享受するものです。その受ける利益は、労働者固有の権利、とはいいにくいといえます。もっとも、反射的な利益とはいえ、労働条件の1つではあります。ただ、表彰制度を廃止等する場合の労働者の不利益は、この反射的利益がなくなるということなので、それほどの不利益とは認められないでしょう。

　よって、表彰制度の廃止等に何らかの理由があれば、合理性は容易に認められると思われます。

(2) 制裁について

・懲戒処分の追加・新設

　例えば、降格と懲戒解雇の間に懲戒処分がなかったので諭旨解雇を新設したり、出勤停止処分が1週間以内であったのを1ヵ月以内と追加（延ばす）したりする場合です。

　懲戒処分のバリエーションが増えることは、不利益処分の可能性が高くなるので、不利益変更といえますが、その必要性は、非違行為の程度・内容に相応しい懲戒処分を明記し、処分の公正を図るためでしょうから、変更（追加・新設）の必要性は認められ、上記のような新設・追加であれば内容も相当なので、合理性はあるでしょう。

・懲戒事由の追加・新設

　例えば、包括事由を新設したり、事由の要件にある「故意又は重過失により、会社に著しい損害を与えたとき」の「重過失」の「重」を抹消したり、「著しい」というのを抹消したりして、事由を緩やかにしたりする場合です。

懲戒権発動の可能性が高くなるので、不利益変更といえますが、同じ非違行為であっても、事由に該当するしないで懲戒権の対象になるならないことの不公平が生じるのはよくないので、変更の必要はあります。事由の追加・新設がされても、具体的なケースでの懲戒権の行使については懲戒権濫用法理（労契法15条）によって、労働者の保護が図られるので、労働者が受ける不利益もさほどではないといえ、合理性があると考えます。

・懲戒手続の緩和

例えば、懲戒委員会の審議を手続要件としていたのを廃止する等した場合です。

懲戒権の慎重な行使を担保する手続が廃止されるのは、たしかに不利益変更といえます。しかし、その廃止の目的が、懲戒権の行使を迅速にして退職日の早い遅いで処分を逃れるという不公平を防止する、ということなら、変更の必要性はあり、懲戒委員会の審議に代わる手続的正義を確保するための他の手段を用意しているのであれば、労働者が受ける不利益は大きくはなく、合理性は肯定されやすいといえます。

念のためにいうと、懲戒委員会を再審査の手続の中に位置付け、懲戒権行使の迅速性確保と再審査手続きの保証によって懲戒処分が不当なときの事後的是正措置を用意すれば、変更内容も相当との評価を充分得られると考えます。

XV 安全衛生

1．規定化の法的意味

　安全衛生に関する事項は、労基法89条6号（「安全及び衛生に関する定め」、相対的必要記載事項）に該当するので、それを制度化するのであれば、就業規則への明記が必要です。

2．規定の戦略的意義

　筆者の知る限り、就業規則に安全衛生に関する事項を細かく明記する例はありません。

　ただ、現場の危険作業などでは、作業を始める前や定期的に、作業手順や危険回避のための注意等の安全教育をしないと、事故が発生したとき安全配慮義務違反を問われることが多いといえます。したがって、実際の作業に対応した安全衛生教育が求められます。

3．規定化の内容

　上記2のとおり、就業規則で細かく明記する例はありません。

　ただ、定期健康診断等は、就業規則に明記して、企業への義務とする例はあります。つまり、安衛法上の定期健康診断の労働者の受診義務は、公法上の義務であって私法上の義務ではないので、同法から、企業の労働者への定期健康診断の受診命令を根拠付けられるわけではありません。そこで、就業規則に明記することで、私法上の義務を創設するのです。

4．規定変更（新設）による労働条件の不利益変更

　健康診断等の一定の受診義務を新設することが、不利益変更として問題となることがあります。その場合、受診義務を新設する必要性がそれなりにあれば、合理性は認められると考えます。

第3章　賃金規程

Ⅰ　賃金

1．給与の計算等

1．規定化の法的意味

　給与の計算に関する事項は、労基法89条2号（「賃金の…計算及び支払の方法、賃金の締切り及び支払の時期…に関する事項」）で絶対的必要記載事項であり、当該事業場に労働者が10人以上いるとき作成が義務づけられている就業規則には、必ず記載しなければならない事項です。

2．規定の戦略的意義

　賃金は、労働の対価であり、企業にとって重要な戦力（最高裁の表現によれば、「人的要素」）である労働者に気持ちよく、やりがいを持って働いてもらうためには、設計・支払方法をよく考えることは、最も重要です。その中で「給与の計算等」は、いつからいつまでの期間の労働を区切って、いつ支払うかという、計算に関する事項ですが、当然、労働者にとって大きな関心事なので、どう設計するかは重要な戦略的意義を有します。加えて、法規制もされています。すなわち、賃金は「毎月1回以上、一定の期日を定めて支払わなければならない」（労基法24条2項本文）ことから、多くの企業では、就業規則で1ヵ月単位で賃金の計算期間（例えば、前月16日から当月15日など）を定め、かつ、一定の固定した日（例えば、当月25日など）を支払日と定める必要があります。

　また、その計算期間中に欠勤したり遅刻した場合、あるいは途中で入社したり退職した場合の賃金の計算の仕方（控除するか否か、するとしてどういう計算をするか）を定める必要があります。

3．規定化の内容

ア．賃金の計算期間・支払日

1ヵ月単位で設計しますが、その区切り方は、企業の裁量です。例えば、

A．当月1日～末日までの計算期間で、当月25日支払

25日～末日までは先払いとなり、よって、25日以降欠勤したときに欠勤控除するには、次月の支払日に次月の賃金から控除することになります（調整的相殺）。時間外労働の賃金等の変動する賃金も、次月の支払日に支払うことになります。

B．前月16日～当月15日までの計算期間で、当月25日支払

これは、すべて後払で、かつ時間外労働の賃金等の変動する賃金も含めて当月25日に支払うことになります。

以上は、典型例で、その他の支払方法も、労基法24条2項に反しない限り、企業の裁量に委ねられています。

イ．欠勤等控除

完全月給制を採るなら、当該1ヵ月の期間内に欠勤等（遅刻・早退）があっても、賃金は控除しません。

これに対して、日給月給制を採るなら、当該1ヵ月の期間内に欠勤等があれば、その分の賃金を控除します（ノーワーク・ノーペイ）。しかし、日給で計算した以上に控除すると、全額払原則（労基法24条1項本文）違反となります。

したがって、控除の計算の仕方が重要になります。通常は、基準内給与を、当該月の所定労働時間か1年間から月単位の平均の所定労働時間のいずれかを分母にして割り、控除する単位の賃金（日又は時間）を算出し、実際の控除額を算出します。

ウ．公租公課等の控除

所得税等の税金や健康保険料等の公的保険料は、その根拠となる法令によって賃金から控除が可能ですが、法令上の根拠がないのに賃金から控除するのは、全額払原則（労基法24条1項）違反となり

ます。そこで控除の必要があるときは、
　①強行法的規制を解除するため、労使協定（同条同項但書）を締結し、
　②私法的効力として控除するため、就業規則等の私法上の根拠規定を定める、
という両方の手続が必要です。

4．規定変更（新設）による労働条件の不利益変更

ア．賃金の計算期間・支払日の変更

　例えば、これまで上記３アのＡだったのをＢに変更する場合です。賃金の支払日が後の日になるので、当然、変更移行時点に空白期間が生じ、労働者に不利益な変更となります（逆に、ＢをＡに変更するのは、利益変更になります）。

　具体的に示せば、３月１日〜31日分を３月25日、４月１日〜30日分を４月25日に支払ってきたのを、Ａ→Ｂに変更する結果、５月１日〜15日分だけはこれまでどおり５月25日、ところが５月16日〜31日までの分は、６月１日〜15日分と合わせて１ヵ月後の６月25日になります。要するに、半月分が１ヵ月遅くなるだけで、実額が減るわけではないので、不利益変更の程度は重大ではありません。ただ、移行時点だけ瞬間的に、これまでの支払日での支給額が従前の半分になるので、これまでの支払を予定していた労働者にとっては、瞬間的ですが大きな不利益が生じます。

　そこで、移行時点で、その遅れる半月分の賃金に相当する金額を融資し、それを１年以内に賞与等で返済する、という経過措置を入れれば、この瞬間的な不利益は大幅に縮小され、変更の必要性がそこそこあれば（例えば、同一賃金の計算期間で、基準内給与と基準外給与の支払日を異にせざるを得ないのは煩雑なので、給与計算の手間を軽減するとか）、相関的に見て、合理性は肯定されるでしょう。

イ．欠勤等控除

　例えば、上記３イを参考に、完全月給制から日給月給制に変更し、

欠勤・遅刻・早退があれば、それに相当する日数や時間数を控除する場合です。欠勤等をした者にとっては、賃金がそれまで控除されなかったのが控除されることになるので、不利益変更といえます。

そこで、不利益変更の程度を検討するに、賃金は労働の対価であり、労働しなければ発生しない（ノーワーク・ノーペイ）という考えは、労働契約の双務有償性に照らし合理的な考え方であり、その考え方に忠実に、ノーワークの日数や時間数の賃金を控除するのは、それまでその分完全月給制によってもたらされていたとしても、保護すべき利益としてはさほどのものではないと考えます。よって、賃金という重要な労働条件に関することですが、不利益の程度はさほどありません。他方、一般には、変更に（高度の）必要性が求められている賃金に関するものでも、働いていない者にこれまでどおり完全月給制を適用することで、他のまじめに働いている大多数の労働者が不公平を感じている等の状況があれば、これを解決するため上記変更することは、高度な必要性ありといえ、これらの双方の利益を相関的に見たとき、合理性は肯定されると考えます。

ウ．公租公課等の控除の拡大

① 公租公課の控除の拡大

公租公課の控除は、法令に基づくものなので、その控除額の変更は、そもそもが労働条件の不利益変更ではありません。

② ①以外の控除

例えば、社内融資の返済等、労使関係に基づく控除の変更（拡大）です。全額払原則（労基法24条1項本文）の法的規制の解除は、賃金控除協定（労使協定）を締結することで実現できますが（上記3ウ①）、問題は、私法的効力を獲得するための就業規則の変更で、これに合理性があるか（同②）です。

具体的に考えてみましょう。上記の例、つまり社内融資制度を新設して毎月一定額を分割返済する旨が社内融資規程に定められれば、その規程自体は、労基法89条10号の事項を定める就業規則となりますが、労働者は、企業からの融資は自分の意思で受けるのでしょうから、その結果、毎月分割払となっても、それは労働者に不利

益とはいえないと考えます。よって、社内融資制度の新設による分割払の開始は、合理性はあります。

　チェックオフはどうでしょう。これは、組合費を企業が労働組合の便宜を図って（便宜供与の１つ）代わりに取り立てるものです。この私法的根拠としては、組合員から、組合費を賃金から取立て回収してもよいとの同意を得ることが必要です。それ自体は、当然ながら、労働条件ではない（自分の所属する労働組合との関係の問題でしかない）ので、就業規則に定めるものではありません。よって、そのことを就業規則に（一方的に）定めても労働者に効力は及ばないので、そもそもが労働条件の不利益変更ではありません。

２．基準内給与

１．規定化の法的意味

　給与に関する事項は、労基法89条２号（「賃金の決定…に関する事項」）の絶対的必要記載事項であり、当該事業場に労働者が10人以上いるとき作成が義務づけられている就業規則には、必ず記載しなければならない事項です。

２．規定の戦略的意義

　給与の設計は、まさに企業がどのような戦略のもとに人事制度を設計しているかがはっきり分かるものです。すなわち、労基法は、賃金の支払い方については一定の規制（全額払、通貨払、直接払、月１回払、以上労基法24条）をしていますが、賃金の内容については、最低賃金の定め（最低賃金法）の他は、労使自治に委ねているのです。

　これまでは、長期雇用システムのもと年功型賃金制度を採る企業が主流でしたが、ここ最近は、能力（成果）主義賃金制度に移行もしくは加味した賃金制度に変更する企業が多くなっています。この移行ないし加味のプロセスでは、いわゆる労働条件の不利益変更の問題となります。

　なお、「基準内給与」「基準外給与」という区分自体、給与設計の結果です。労基法等法令には、このような区分はありません。ただ、多くの企業では、表現は異なっても、上記の区別がされています。一般的な説

明をすれば、「基準内給与」とは毎月定額で支払を予定する給与で、「基準外給与」とは毎月支払の有無・支払う場合に金額が変動しうる給与です。

3．規定化の内容

ア．設計（規定化）にあたっての典型的考え方

規定化は、まさに上記2のとおり、企業がどのような戦略のもとに人事制度を設けるかと直結します。すなわち、組織的統一体である企業は、統一性、公正性の観点から賃金制度をつくりその中で各人の賃金を決めます。そしてその設計は、当該企業の人事制度（典型例でいうと、年功型か能力（成果）主義か）によって異なります。

年功型人事制度を採り、その設計が年功型賃金制度の場合、所定賃金は、年功的な基本給与（年齢給、勤続給中心）と生活保障的な諸手当（家族手当、住宅手当等）で構成され、賞与も、考課査定はないか、あってもその額への反映はごくわずかです。退職金についても、年功的に上昇した退職時の基本給与をベースに、これまた年功的に上昇した支給係数を掛けて算出されます。

他方、能力（成果）主義人事制度を採り、その設計が能力（成果）主義賃金制度の場合、所定賃金は、担当する職務に対する給与（職務給、職務等級賃金）を基本とし、職務と関係のない生活保障的な諸手当は導入せず（あるいは廃止し）、賞与も、月例給与をベースにすることなく、業績配分の考えのもと考課査定の結果で各人の額が決定されます。退職金についても、廃止するか、存続するとしても各勤務時期ごとのポイント・金額を積み上げる等によって算出し、退職時の基本給与をベースに算出することはしません。

最近は、能力（成果）主義の流れから、多くの企業が能力（成果）主義賃金制度を導入してますが、どの程度能力（成果）主義を導入するかは、各企業の文化に照らして慎重に判断すべきです。年功型賃金制度は古く、能力（成果）主義賃金制度が現在の企業ニーズに合致している、というのは決めつけです。

年功型賃金制度もよいところはあるのであり、企業によっては、（その文化から）年功型賃金制度が基本的に妥当なところもありま

す。例えば、保守的で各個人の能力の発揮があまり期待されていない企業文化の下では、ドラスチックに能力（成果）主義賃金制度を導入しても、（人事政策的に）うまく行かないでしょう。

したがって、各企業の現時点の文化をよく分析したうえで、年功型賃金制度のメリット（生活の安定、安心感）、デメリット（仕事をやってもやらなくても賃金が同じ→モチベーションの低下）、能力（成果）主義賃金制度のメリット（やったらやっただけ待遇に反映され、モチベーションが高まる）、デメリット（個人プレーに陥りやすい、短期に結果を求める、考課者の考課査定能力が追いつかない）を踏まえ、その時点でもっとも妥当な制度を導入する、という発想が大切です。

イ．規定化の例

資料２の１の給与規程は、年功型賃金制度に職能資格賃金制度を加味した賃金設計です。以下、**資料２の１（179ページ）**の給与規程の設計を解説することで、基準内給与の規定化（設計）の仕方を説明します。

A．基本給の設計

年功型賃金制度に職能資格賃金制度を加味した賃金制度の設計をするとすれば、それは基本給の構成に反映されます。年功型賃金制度を反映したものが年齢給・勤続給、職能資格賃金制度の反映が職能給です。

ここで、職能資格賃金制度について簡単に説明すると、職務遂行能力を段階的に分割し、それぞれに賃金を対応させることでその能力の発揮を促すものです。よって、本来的には、能力（成果）主義的な人事制度です。ところが、現実は、職能資格の上昇が年功的に運用され、しかも、各職能資格の賃金も際限のない号俸の賃金テーブルを用意し運用することで、年功型賃金が形を変えて運用されているに等しいものが多いといえます。

なお、能力（成果）主義賃金制度の下で賃金設計をするときは、基本給の構成は職務給中心となり、年齢給、勤続給というものは登

場しません。
① 年齢給：年齢に応じて増加する設計をしますが、さすがに一定の年齢に達したら増加を停止する修正をしたりします。
② 勤続給：中途採用者が相当数いたり、合併、事業譲渡等を経験した企業では、上記①だけだと、以前からいる労働者に充分な処遇はできないことから、勤続給を上記①とは別に設けます。これも一定の年齢に達したら増加を停止する修正をしたりします。
③ 職能給：職務遂行能力（職能）を段階的に分割し、かつ、それぞれの段階の職能を定義し（企業によってはこの定義のないものが相当数ありますが、定義がなければ全く意味のない制度なので、要注意です）、対応する賃金を定めます。そして、その賃金は、何十号俸の細かい階段を用意して、職能が同じでも毎年少しずつその階段を上がるようにします。

　資料2の1の職能給の賃金テーブル（別表187ページ）は、下の職能の職能給のすぐ上の職能の職能給に各賃金テーブルが整合するよう、下の職能の職能給の最高号俸がすぐ上の職能の職能給の最低号俸を上回らないようにします。ただ、相当数の企業の職能資格賃金制度では、下の職能の職能給の最高号俸がすぐ上の職能の職能給の最低号俸を大幅に上回っていたりします。下の職務遂行能力しかなく昇格もできない労働者の方が、優秀で早く昇格した労働者より、能力は下なのに賃金は高いわけです。これは、職能資格制度の本来の姿ではありません。こういう賃金テーブルを持つ企業の賃金制度は、（本来、能力主義といわれる）職能資格賃金を形だけ定めているだけで、実質は年功型賃金制度です。組織を引っ張っていく能力の高い若年労働者が不要な企業では、それでよいのかもしれません。

B．手当の設計
　手当は、仕事手当と生活手当に分類できます。賃金は、労働の対

価ですが、基本給に加えて手当を支給するのは、基本給だけでは人事政策的に充分ではない、ということからです。

a．仕事手当

　特別ないし特殊な仕事をする労働者には、それに見合う賃金が必要だろう、ということです。能力（成果）主義賃金制度では、この特別ないし特殊な仕事についての評価は、まさにその労働者が担当する職務内容・成果の評価なので、手当ではなく、基本給の構成に反映されることになります。

① 　役付手当：　資料２の１　第14条（183ページ）ですが、部長、課長etcの職位（特別な仕事）に対応する手当です。

② 　職務手当：　資料２の１　第15条（184ページ）ですが、特殊な仕事に対する手当です。

　　　　　　　　この仕事手当の導入は、年功型賃金制度を採用する企業においても、特別なあるいは特殊な仕事を評価し、手当を支払という姿勢を示すことにより、戦略的には、年功型賃金制度の下においても、重要な役割、職務を担う労働者のモチベーションを維持しよう、という狙いがあります。

③ 　皆勤手当：　これは、上記①、②と性格を異にし、連続勤務が必要な企業にとって、それを確保する狙いです。その必要が強ければ強いほど（運転手の業務等のように、運行計画の下に業務を実施する部門などでは、特に必要です）、皆勤手当の額を多く（基本給を低く押さえても）します。

b．生活手当

　本来、賃金は労働の対価である以上、労働者に家族が何人いようが、家賃がいくらかかろうが、賃金の額を決める上では関係のないことです。しかし、長期雇用システムをとり、18歳、22歳の新卒採用後、特別の事情のない限り60歳の定年まで勤め上げることを前提とするとき、年功型賃金の設計において、労働者の人生設計に対しある程度の支援をしないと、定年まで企業への忠誠心と精勤を確保

できません。企業は、若年から老齢まで労働者の一貫した忠誠心と精勤を確保するため、生活手当を導入します。

　なお、能力（成果）主義賃金制度では、賃金を職務内容・成果への報いとして設計するので、かかる生活手当の導入には消極的です。つまり、考え方の基本が、賃金を職務内容・成果への報いとして支払うことで労働者のモチベーションを高める点にあるのです。

① 家族手当

　扶養家族に対応して、一定額の援助をします。

② 住宅手当

　賃貸借では家賃、購入のときは住宅ローンに対応して、一定額の援助をします。

4．規定変更（新設）による労働条件の不利益変更

　現行の年功型賃金制度（資料２の１（179ページ））を能力（成果）主義賃金制度（例えば、資料２の２、３（189、195ページ））に変更する例で考えてみましょう。資料２の３は、能力（成果）主義賃金制度を徹底した規程、資料２の２は徹底せず年功型賃金制度の要素を一定限残した規程です。

　この変更点を表にして整理すると、次のとおりです。

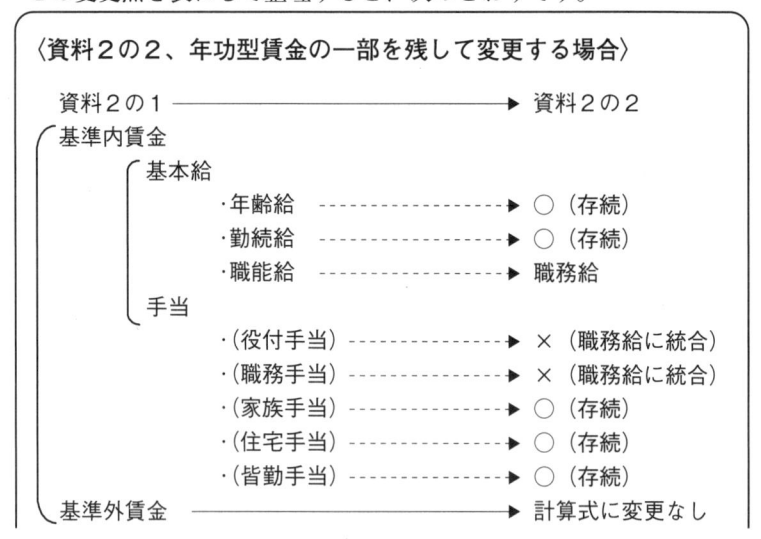

〈資料２の２、年功型賃金の一部を残して変更する場合〉

```
資料２の１ ─────────────────▶ 資料２の２
┌基準内賃金
│  ┌基本給
│  │   ・年齢給　──────────▶ ○（存続）
│  │   ・勤続給　──────────▶ ○（存続）
│  │   ・職能給　──────────▶ 職務給
│  └手当
│      ・(役付手当)　────────▶ ×（職務給に統合）
│      ・(職務手当)　────────▶ ×（職務給に統合）
│      ・(家族手当)　────────▶ ○（存続）
│      ・(住宅手当)　────────▶ ○（存続）
│      ・(皆勤手当)　────────▶ ○（存続）
└基準外賃金 ──────────────▶ 計算式に変更なし
```

　　　　　　　　　　　　　　　　　　　　　　　　　　Ⅰ　賃金

```
                ・（時間外手当）         ・（時間外手当）
                ・（休日出勤手当）       ・（休日出勤手当）
                ・（別居手当）           ・（別居手当）
                ・（通勤手当）           ・（通勤手当）
```
　　（　　）は、条件（要件）を満たして初めて権利が発生する。

〈資料２の３、能力（成果）主義賃金制度に全面的に変更する場合〉

```
  資料２の１ ──────────────→ 資料２の３
  基準内賃金
    ┌基本給
    │    ・年齢給      ------------→ ×（廃止）
    │    ・勤続給      ------------→ ×（廃止）
    │    ・職能給      ------------→ ×（廃止）
    └手当
         ・（役職手当）  ------------→ ×（職務給に統合）
         ・（特殊技術手当）----------→ ×（職務給に統合）
         ・（家族手当）  ------------→ ×（廃止）
         ・（住宅手当）  ------------→ ×（廃止）
         ・（皆勤手当）  ------------→ ×（廃止）
  基準外賃金 ──────────────→ 計算式に変更なし
         ・（時間外手当）              ・（時間外手当）
         ・（休日出勤手当）            ・（休日出勤手当）
         ・（別居手当）                ×（廃止）
         ・（通勤手当）                ・（通勤手当）
```
　　（　　）は、条件（要件）を満たして初めて権利が発生する。

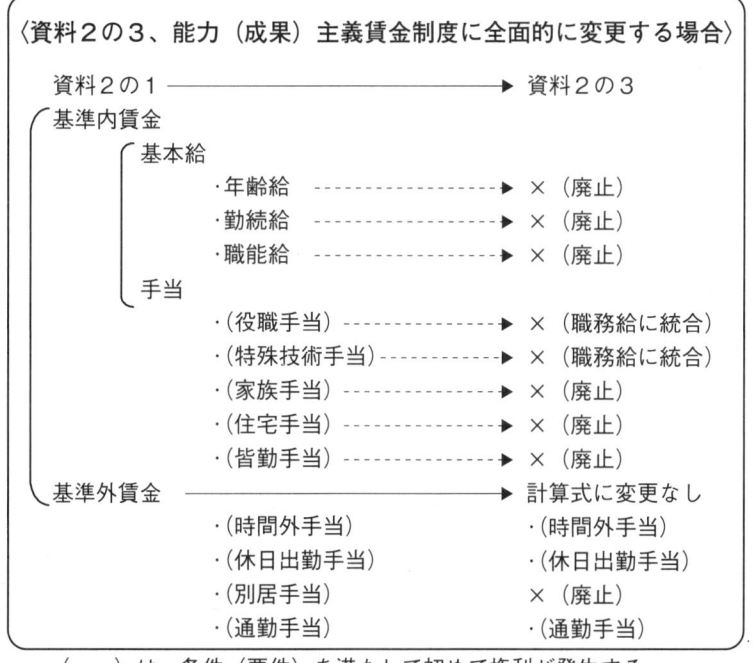

　賃金制度を年功型から能力（成果）主義型に変更すれば、労働者によっては賃金額が低下したりするでしょうから、当然、労働条件の不利益変更の問題になります。しかも、労働者は労働で得る賃金によって日々の生活を営んでいる以上、賃金は最も重要な労働条件であり権利です。よって、その変更は高度の必要性と、それに基づいた内容の相当性が求められます。具体的には、その賃金制度が変更されることで労働者にどれだけの不利益が現実的に生ずるのかを慎重に分析し、他方において、

企業が賃金制度を変更する必要性が高度にあるのか、あるとしても、その「高度の必要性」に基づいて変更される就業規則の内容が、それに見合った相当なものかを見極め、その他労働組合等との協議等を総合考慮して、合理性の有無を判断することになります。

　以下では、実際に、**資料２の２**（189ページ）又は**資料２の３**（195ページ）に変更すると仮定し、検討の仕方を示します。

　　ア．**資料２の２**（年功型の要素を一定限残した規程）への変更の場合（189ページ）

　　　a．労働者が受ける不利益の程度

　　　まず、労働者が受ける不利益の程度を見たとき（116ページの図参照）、

　　　　基本給のうち、
　　　　　・職能給
　　　　手当のうち、　　　⇨　職務給
　　　　　・役付手当
　　　　　・職務手当

に変更されるので、変更前の職能給、役付手当、職務手当の合計金額と変更後の職務給の金額を比較します。その結果、職務給の金額の方が少なければ、その差額が不利益部分です。当然、人事制度自体が、年功型→能力主義型に変更になり、その一環として賃金制度が年功型（＋職能資格制度）→能力（成果）主義型に変わるわけなので、当該労働者の担当する職務内容も変更になる可能性はあります。もし、その結果、職務内容・責任が軽減されれば、その部分は利益変更という評価になり、上記金額の減少と職務内容・責任の軽減をプラスマイナスして実質的不利益の程度を評価することになります。

　　　　ただ、人事制度自体が年功型→能力主義型に変更になっても、多くの場合、各労働者の担当する職務内容・責任に変更はありません。そうなると、単純に金額の減少が、実質的不利益と評価されます。

　　　　そして、このような人事制度、賃金制度の能力主義への変更に伴う賃金額の増減は、それぞれの労働者毎に異なります。すなわち、若くても重要な職務内容・責任を担う労働者は賃金はむしろ増加し

ますが、中高年なのにさほど重要ではない職務内容・責任を担う労働者は賃金は減少する可能性があり、かつ減少額も幅があり、ある者は1万円だがある者は8万円、ということになるはずです。

就業規則による労働条件の不利益変更の効力は労働者毎の相対効（ある労働者に対しては拘束力（＝有効）あり、ある労働者には拘束力なし）なので、一部の労働者が、上記の例でいうと月額8万円といった大幅な不利益が生ずるときは、後記bでいう変更の必要性がかなりないと合理性が否定され、その労働者（ないし、同様の不利益が生ずる労働者達）に対しては拘束力なし（不利益変更できない）、ということになります。

よって、かかる結果を回避するためには、大幅な不利益が生ずる労働者に対し、何らかの緩和措置を検討する必要が生じます。何年か経過措置を設けて段階的に適用（移行）するとか、調整給を一定期間入れて不利益を緩和する、といったことです。これらの見極めは、イ（121ページ）に出てくるので、そこで詳しく解説します。

b. 変更の必要性、変更内容の相当性

賃金は、最高裁も判示するとおり、重要な労働条件なので、変更の必要性は、高度なものでなければならないとともに、変更内容も、その高度の必要性に沿った相当なものでなければなりません。

　i　変更の必要性

能力（成果）主義への変更は、一般論としては、職務に見合った処遇の実現による各労働者のモチベーションの向上、そして、これによる企業の生産性の向上、ということは理解できますが、

　・なぜ当該企業にとって

そして、

　・なぜこの時期に

変更する必要があるのかが、クリアーでなければなりません。当然その説明を裏付ける資料等も必要です。例えば、ノイズ研究所事件（東京高判平18.6.22）は、国際競争の激化に伴う競争力の低下に直面し、その時点で能力（成果）主義に変更しなければ、企業の立直しができない状況で、その立証に成功した結果、高裁、

最高裁で合理性が肯定され（一審の地裁では、合理性否定され敗訴）、企業側が勝訴しました。
　ⅱ　変更内容の相当性
　　次に、その高度の変更の必要性が肯定されたとしても、変更内容は、その必要性に伴った相当なものでなければなりません。
　　能力（成果）主義への変更のケースで、この内容の相当性が争点となるのは、
　　　①能力（成果）主義を担保する人事考課制度の整備
　　　②変更（移行）の内容がどの程度か（労働者が受ける不利益の程度と重なる事実でもあります）
　　です。
　　①は、職務内容・成果に見合った処遇を実現するためには、各労働者の職務遂行を適正に評価できる人事考課制度の整備が不可欠ということです。加えて、各職務を担当する労働者が適材であること（適材適所が実現されること）も能力（成果）主義の内容です。そして、その職務遂行と成果に応じた昇進・降格が行われることが予定されています。
　　このようなことから、人事考課制度がいかに整備されているかが、制度（変更）内容の相当性判断の重要な要素になります。
　　次に②、つまり変更（移行）する結果、どれだけの不利益がどの範囲の労働者に生ずるのか（マイナスになる人数と幅）、他方、どれだけの利益がどの範囲の労働者に生ずるのか（プラスになる人数と幅）は、制度内容の相当性を判断する要素になります。その中では、人件費の総原資は、変更前と後で変わりはないか、あるいは増えているか（能力（成果）主義移行に名を借りた人件費の削減ではないか）とか、さらには、大幅な不利益を受ける労働者の人数、金額等がどのようなものかとか、もし、不利益が大幅ならそれに何らかの緩和措置を採ったか、といったところが、内容の相当性を判断する上でのもう1つの重要な要素となります。
　　不利益緩和措置は重要なポイントですが、徹底した能力（成果）主義型への全面移行の後記イの方がこれを採る必要が高いので、同箇所で詳しく説明します。

c．総合考慮

 aの労働者の受ける不利益の程度と、bの変更の（高度の）必要性とそれに伴う内容の相当性、を比較衡量（相関関係）しますが、その他、労働者によく説明したか、労働組合があるのであればよく交渉したか、といったことが総合考慮されて、合理性が判断されます。

イ．資料２の３（徹底した能力（成果）主義型）への変更の場合（195ページ）

a．労働者が受ける不利益変更の程度

 まず、労働者が受ける不利益の程度を見たとき（117ページの図参照）、

基本給のすべて、すなわち、
・年齢給
・勤続給
・職能給
手当のすべて、すなわち、　　⇨　職務給
・役職手当
・特殊技術手当
・家族手当
・住宅手当
・皆勤手当

に変更されるので、変更前の基本給及び各手当の合計金額と変更後の職務給の金額を比較します。その結果、職務給の金額の方が少なければ、その差額が不利益部分です。もっとも、通常は、人事制度自体が能力主義型に変更になる一環として賃金制度が能力（成果）主義型に変わるので、当該労働者の担当する職務内容も変更され、職務内容・責任が軽減される可能性はあります。もしそうなっていれば、その点は利益変更になり、上記金額の減少と職務内容・責任の軽減をプラスマイナスして実質的不利益の程度を評価します。ただ、多くの場合、各労働者の担当する職務内容・責任に変更はありません。そうなると、単純に金額の減少が、実質的不利益と評価されます。

そして、この労働条件の不利益変更は、前述したとおり、各労働者毎に検討し、その結果、相対的に各労働者毎に拘束力があるかの問題なので、
・どの範囲の労働者に
・どの程度の不利益が生じるか
をよく分析する必要があります。すなわち、就業規則による労働条件の不利益変更は全労働者を対象に統一的に労働条件を（不利益に）変更するのが目的なので、不利益が大きい労働者についてだけ拘束力が否定されるのは、それ以外の労働者への拘束力が維持されるとしても、全労働者に統一的に変更するという目的は未達成になります。そこで、不利益が大きい労働者には、これを緩和する措置を設けることで、その範囲の労働者への拘束力を確保して、統一的な変更を実現する必要があるのです。
　この不利益を受ける労働者の範囲と程度の分析は、不利益緩和措置の要否に関係しますが、内容の相当性の論点でもあるので、b. iiiにて詳しく説明します。

b．変更の必要性、変更内容の相当性
　i　上記ア．b．iで述べたとおり、高度の必要性があることが求められます。そしてやはり、上記ア．b．iで述べたとおりのことが、徹底した能力（成果）主義への全面移行をするイ．では、よりクリアーにいえなければなりません。
　　すなわち、
　　・なぜ当該企業にとって
　　そして、
　　・なぜこの時期に
　　しかも、
　　・全面的に
　　変更する必要があるのかです。
　ii　次に、高度の必要性があるとしても、その必要性に伴った内容の相当性が必要であることは、上記ア．b．iiで述べたとおりです。そして、能力（成果）主義賃金制度への変更のケース

で相当性の判断の中で重要な争点になるのは、同箇所で指摘した点（①能力（成果）主義を担保する人事考課制度の整備、及び②変更（移行）の内容がどの程度か）です。それが徹底した能力（成果）主義への全面変更の場合は、よりクローズアップされます。そして、変更による不利益の大きな労働者がいた場合、どのような配慮がされたか、つまり、どのような不利益緩和措置を実施したかが、この全面移行ではより重要になります。そこで、以下ⅲで、詳しく、検討の仕方と設計、そして規定化を解説します。

ⅲ　不利益緩和措置の検討

不利益変更の問題は、上記のとおり、労働契約が労働者毎にある以上個々の労働者毎に検討されるので、不利益緩和措置は、不利益性の大きい労働者を中心に設計します。

そして、賃金制度の不利益変更の場合によく使われる方法は、調整給（手当）による不利益部分の補填です。基本給の不利益部分の補填が調整給、手当等の不利益部分の補填が調整手当という使われ方もあります。

もう１つの方法は、移行を何年かかけて実施する、ということです。つまり、不利益変更に時間をかけ、少しずつ移行することで労働者に与える不利益を緩和するのです。

ただ、実際は、この２つをミックスします。つまり、移行時に発生する大幅な不利益を調整給（あるいは調整手当）で全部又は一部補填しながら、一定の期間をかけてこの調整給（あるいは調整手当）を削減し何年か後に廃止する、ということです。

いろいろなバリエーションがあります。以下、具体的に説明します。

① 全額補填か一部補填か

まず、新賃金制度への移行に伴って発生する不利益分を、全額補填するのか、不利益分が一定額以上あった場合（例えば、基本給月額３万円以上減の場合）補填するのか、です。全額補填か一部補填かの判断は、当該新賃金規程への移行がどれだけ合理性の判断に耐えうるかによります。全額補填すれば不利益は一応解消されます

が、人件費の大幅増（新賃金制度への移行によって賃金が増額となる労働者も当然多くいるはず）になります。他方、一部補填であれば不利益は残り、その部分は合理性基準に基づいて慎重に判断されることになります。

② 解消の方法

そして、不利益の補填である調整給（あるいは調整手当）は、新賃金制度への移行に伴う不利益緩和措置であって、それ自体恒久的な賃金ではありません。その後の昇給、昇格により解消され、あるいは一定年数経過すれば廃止されるべきものです。そこで、調整給の解消の方法を検討する必要があります。

③ 規定の仕方

さらに、それらのことを新賃金規程に明記しておく必要があります。暫定的な措置であることからすると、新賃金規程の本文ではなく、付則に位置付けた方がよいでしょう。

＜不利益緩和措置の設計と規定の仕方＞

そこで、不利益緩和措置の設計と規定の仕方・規定化を詳しく説明します。これは重要なポイントなので、いくつかのバリエーションを規定例で示します。

a．不利益分を全額補填する場合

＜全額補填し、昇給等で解消する内容で、付則に規定する型＞

付則

（施行）

第1条　本規程は、平成19年4月1日より施行する。

（調整給）

第2条　調整給は、新賃金制度への移行（旧規程の廃止、本規程の施行）に伴って賃金に減額（施行前日の旧規程による基本給＋手当と施行日の本規程による職務給との差額）が生じる者の生活の安定を図る目的で、その減額分を補填する。

（調整給の解消）

> 第3条　本規程施行後、昇給、昇格によって職務給が増額し移行時に生じていた賃金の減額が減少した場合は、その減少額相当分につき調整給を減額し、移行時に生じていた賃金の減額が解消されたときは、調整給は終了する。

　この規定の仕方は、①新賃金制度への移行に伴って生じた賃金の減額分（不利益額）の全額を補填し、②それを将来の昇給、昇格で職務給が増額し、移行時に生じていた賃金の減額が減少したときは、その減少額相当分を調整給から減額し、増額が調整給の額を上回れば（賃金の減額が解消されれば）、調整給は終了とする、というものです。そして、③これらの措置は暫定的なので、付則に規定化します。

　ただ、昇給、昇格で職務給が増額しても、それが調整給の全額に達するまでは調整給の解消に使われてしまえば、調整給の額が大きい労働者のモチベーションは上がらないでしょう。そこで、調整給の解消と調整給受給者のモチベーションの維持とを調和する設計を考える企業もあるはずです。そして、その方法の1つは、昇給による増額では差引かないが、昇格による増額の場合は差引くという設計です。

　これは、第2条まではそのままで、第3条を次のように修正します。

> ＜調整給の解消　その1－昇格の際に解消する型＞
> （調整給の解消）
> 第3条　本規程施行後、昇格によって職務給が増額し移行時に生じていた賃金の減額が減少した場合は、その減少額相当分につき調整給を減額し、移行時に生じていた賃金の減額が解消されたときは、調整給は終了する。

　2つ目は、昇給、昇格による増額分の半額だけ調整給から差引くという設計です。これは、第3条を次のように修正します。

> ＜調整給の解消　その２－昇給・昇格の際に半額を限度に解消する型＞
> （調整給の解消）
> 第３条　本規程施行後、昇給、昇格によって職務給が増額した場合、その増額の半額相当分につき調整給を減額し、その増額の半額相当分が調整給の全額に達したときは、調整給は終了する。

　他方、②調整給の解消を、昇給、昇格による職務給の増額にかからすのではなく、労働者一律に、例えば、３年とか５年とかで、段階的に縮小、廃止する設計もあります。ただ、この場合、労働者によっては、この段階的縮小、廃止をしても職務給（賃金）の増加が追いつかず、不利益性が残りその部分が不利益変更として争われる余地があります。

> ＜調整給の解消　その３－３年で解消する型＞
> （調整給の解消）
> 第３条　本規程施行後、調整給の金額は下表のとおりとし、調整給は平成27年３月末をもって廃止する。
>
> | 時期 | 調整給の金額 |
> | --- | --- |
> | 平成25年３月末まで | 第２条の金額全額 |
> | 平成26年３月末まで | 第２条の金額の66％ |
> | 平成27年３月末まで | 第２条の金額の33％ |

　ｂ．不利益分を全額ではなく一部補填する場合
　新賃金規程移行の合理性がそれなりにある場合、移行に伴って生じた賃金の減額分（不利益額）の全額を補填せず、一部補填することでも大丈夫、ということもあります。この場合、補填はどの「一部」かが問題となります。
　この点は、労働条件の不利益変更についての考え方からすれば、

不利益の大きい労働者を中心に配慮するのが合理性基準に則った設計といえます。例えば、新賃金規程移行に伴って発生する新旧賃金の差額が3万円以上の場合、その超える部分を調整給として支給する、という方法です（例①）。あるいは、一定の率で補填する方法もあるでしょう。例えば、差額金額の50％を調整給として支給する、という方法です（例②）。また、両者をミックスする方法もあります。例えば、差額金額の50％を調整給とするが、差額金額が3万円以上の場合、その超える部分は100％調整給とする、という方法です（例③）。

これは、第2条を次のように、修正します。

＜一部補填する例①　…一定額以上の差額補填＞
（調整給）
第2条　調整給は、新賃金制度への移行（旧規程の廃止、本規程の施行）に伴って賃金に減額（施行前日の旧規程による基本給＋手当と施行日の本規程による職務給との差額）が生じる者の生活の安定を図る目的で、その減額分が3万円以上となる場合、その超えた部分を補填する。

＜一部補填する例②　…一定割合での補填＞
（調整給）
第2条　調整給は、新賃金制度への移行（旧規程の廃止、本規程の施行）に伴って賃金に減額（施行前日の旧規程による基本給＋手当と施行日の本規程による職務給との差額）が生じる者の生活の安定を図る目的で、その減額分の50％相当額を補填する。

＜一部補填する例③　…上記例①②を加味＞
（調整給）
第2条　調整給は、新賃金制度への移行（旧規程の廃止、本規程の

> 施行）に伴って賃金に減額（施行前日の旧規程による基本給＋手当と施行日の本規程による職務給との差額）が生じる者の生活の安定を図る目的で、その減額分の50％相当額又はその減額が３万円以上となる場合にはその超えた部分のうち、多い金額を補填する。

　ｃ．総合考慮
　　ａの労働者の受ける不利益の程度と、ｂの変更の（高度の）必要性とそれに伴う内容の相当性（なお、上記緩和措置は、ａの「不利益の程度」とｂの「内容の相当性」の両方に意味のある事実です）、を比較衡量（相関関係）しますが、その他、労働者によく説明したか、労働組合があるのであればよく交渉したか、といったことが総合考慮されて、合理性が判断されることになります。

3．基準外給与

1．規定化の法的意味

　基準外給与に関する事項も、労基法89条２号（「賃金の決定…に関する事項」）の絶対的必要記載事項であり、当該事業場に労働者が10人以上いるとき作成が義務づけられている就業規則には、必ず記載しなければならない事項です。

2．規定の戦略的意義

　基準外給与という区分自体、給与設計の結果ですが、一般的には、毎月支払の有無（支払ったとしても）支払額が変動する賃金のことをいいます。
　かかる変動賃金の設計にも、企業の設計自由が妥当しますが、法定労働時間を超えた労働と法定休日労働の賃金については、労基法により規制（一定率以上の割増賃金の支払、労基法37条、労基則19～21条）がされてます。かかる規制を遵守の上、いかなる変動賃金を導入し、どのように設計するかは、企業の人事政策に基づく戦略的判断です。

3．規定化の内容

ア．時間外・休日労働に対する給与

　労基法37条、労基則19〜21条の規制は、法定労働時間（同法32条、1週40時間、1日8時間）を超えた労働（以下、時間外労働）、法定休日（同法35条、1週1日の休日）の労働（以下、休日労働）、深夜労働（同法37条4項、午後10時〜翌日午前5時）に対し、一定の割増率（休日労働は35％、その他は25％、ただし、時間外労働が月60時間超は50％）を定めています。

　したがって、法令を下回る計算で支払ってもその差額を支払わなければならないので、クリアーにするための計算式の設計が必要です。間違いやすいのは、算定基礎賃金です。算定基礎に入れるべき賃金を入れない、ということが実務上よく生じます。算定基礎賃金については、まず、賃金の計算単位によって計算の仕方が違うので、労基則19条をよく読みます。次に、各種手当の中でどれが算定基礎から除外できるかを同21条で確認します。特に、同21条は、名目が住宅手当とか家族手当になっても、実質を伴わなければ、除外賃金にならないので、注意して下さい。

　これらの時間外・休日労働に対する賃金を、定額で、例えば、5万円、と規定することも可能です。しかし、その旨を賃金規程に定めないと、意図した効果は生じません。例えば、次のように規定します。

＜時間外・休日労働に対する賃金の定額払の例＞
第○条　勤務手当
　　会社は、法定労働時間を超えあるいは法定休日の労働に対する賃金として、定額で勤務手当○○○円を支払う。

　また、定額払は、定額に相当する時間外・休日労働時間以内であれば、精算（企業は返してくれとはいわない）を求めない一方で、この時間数を超えれば、精算（追加で支払う）しなければなりません。

イ．通勤手当

　労働義務は、持参債務といって、債権者（企業）の営業所に行って履行しなければならない（民法484条）ことから、その営業所に行くまでの費用である通勤費は、民法の原則からは労働者の負担です。ただ、それだとよい人材が集まらないので、多くの企業では、その通勤費を企業が負担しています。

　その実質から、企業では、通勤手当の設計においては、各月定額で支払うのではなく通勤して始めて発生するものとし（欠勤期間が長ければ、発生しない）、その金額も、労働者それぞれにかかる費用をそのまま賃金におきかえるか、現物（定期券）を支給します。

ウ．その他の変動給与

　営業を重視する企業では、営業職に成果や出来高に応じて支給する手当を導入し、具体化したりします。

4．規定変更（新設）による労働条件の不利益変更

ア．時間外・休日労働に対する給与

　規定を変更した結果が、労基法37条、労基則19～21条によって算定した額を下回ってしまえば、それは単純に違法で無効（労基法92条）となるのであって、労働条件の不利益変更の問題ではありません。それら強行法規に違反しない限りでの不利益変更において、労働条件の不利益変更の合理性を検討することになります。

①　法令を上回っていた割増率を下げる場合

　例えば、休日労働の賃金の割増率を50％→40％に下げる場合です。

　当然、休日労働をしたときに支払われる賃金が下がるので、労働条件の不利益変更になります。法令の割増率は最低の率を定めているだけなので、上記引下げには、変更の高度の必要性がなければなりません。充分な理由がなければ、変更の合理性は認められないでしょう。

②　定額払を廃止して、法令所定の計算にした場合

例えば、時間外・休日労働に対する定額払として月額5万円支給していたのを廃止して、労基法37条、労基則19～21条の計算で支払う、と変更する場合です。

定額払は、その金額に相当する時間外・休日労働をしなくても支払うという賃金なので、時間外・休日労働が同金額の予定する時間数に達しない月では、不利益変更になります。

ただ、定額払の目的は、時間外・休日労働の支払実務を簡易にするためであって、想定された時間外・休日労働の時間数に達しなくても賃金を支払うこと自体が目的ではありません。つまり、時間外・休日労働が同金額に達しない月は、その余分の（労働者が取得する）金額は、反射的利益なのです。

したがって、当該企業ないし事業場で、恒常的に時間外ないし休日出勤が生じなくなったとか、業務が忙しくなくなって時間数が恒常的に減少した、という客観的状況が変化したときは、時間外・休日労働の定額払制度を廃止する必要性は高度にある、といえます。もっとも定額払が元々基本給の一部だったのを分割したような経緯のときは、別です。そのときは、実質、基本給の引き下げになるので、典型的な賃金の不利益変更の問題となり、合理性は厳格に判断されることになります。

イ．通勤手当

例えば、それまで上限がなかったのを、月額3万円が上限というようにする場合です。実費支給（援助）である通勤手当は、実質的には労働の対価ではないことから、労働者の受ける不利益の程度は、他の賃金ほどではありません。そして、その実費援助としてその企業がどこまでするかという観点から限度を設けるのであれば、その必要性は肯定できます。

その場合、その上限額が金額として相当といえるかがポイントとなり、それはおそらく他企業や社会通念に照らして当該上限金額が不合理でなければ、合理性は認められると考えます。

ウ．その他の変動給与

例えば、成果に応じて支払う内容の営業手当が、その設計（計算式）変更等によってその手取額が減少した場合はどうでしょうか。

変動給与の目的に照らした合理的な設計変更の結果であれば、必要性も内容の相当性も認められると思われます。ただ、変動給与の金額が大きいときは、労働者の受ける不利益の程度は大きく、上記必要性と内容はさらにより慎重に判断することが求められます。

4．昇給

1．規定化の法的意味

昇給に関する事項も、労基法89条2号（「賃金の…昇給に関する事項」）の絶対的必要記載事項であり、当該事業場に労働者が10人以上いるとき作成が義務づけられている就業規則には、必ず記載しなければならない事項です。

2．規定の企業戦略的意義

昇給を権利として企業に求めること（昇給請求権）ができるかは、賃金規程の定め方次第です。

年功型賃金制度では、少なくとも慣行として行われますが、能力（成果）主義賃金制度では、毎年1回の定期昇給という考え方自体、否定する傾向にあります。

3．規定化の内容

年功型賃金制度では、基本給(ないしそれに相当する給与)に賃金テーブルを作成し、それを別表として付け、毎年〜号俸以上は昇給する、として運用します。特に多いのは、職能資格賃金制度を加味して、数段階の職能資格等級を定め、かつ、各職能等級毎に果てしなく長い号俸の階段を賃金テーブルとして定めます。一例として、**資料2の1**の給与規程添付別表を挙げます（187ページ）。

他方、能力（成果）主義賃金制度では、賃金は、職務内容の重要度とその成果に応じて昇給（あるいは減給）するので、定期昇給という考え方自体、なじみません。毎年、賃金が成果によって変動するのであり、

減ることもあれば増えることもある、そして増えるとしてもテーブルがあるわけではなく、妥当と思える金額だけ増える、ということです。よって、能力（成果）主義賃金制度では、賃金テーブル自体、存在しません。実際、能力（成果）主義賃金制度を採る多くの外資系企業では、賃金規程の中に賃金テーブルは存在しません。

4．規定変更（新設）による労働条件の不利益変更

ア．不利益変更の問題になりうる場合

　能力（成果）主義賃金制度では、上記3のとおり、昇給が権利として成立しているわけではないので、その不利益変更もありません。昇給で不利益変更がありうるのは、専ら年功型賃金制度においてです。ただ、同制度でも定期昇給はゼロの年もあり、何号俸上がるかは、各年度の企業の業績と労働者の職務遂行結果というように、能力（成果）主義を加味していれば、昇給が権利として確立しているとはいえません。そのような企業で、昇給を停止、廃止しても、不利益変更の問題とはなりません。

　昇給の停止・廃止が不利益変更となるのは、毎年必ず、例えば、○号俸は昇給するという場合（就業規則や労働協約あるいは労働契約の内容で、昇給することが具体的な場合）で、そのようなときには、その「必ず○号俸は昇給する」限りで、昇給請求権が成立しているといえ、そのような賃金制度での昇給の停止・廃止が不利益変更の問題となるのです。

イ．不利益変更の合理性の判断

　賃金という重要な労働条件に関することなので、昇給の停止・廃止という不利益変更に合理性が認められるためには、そのことに（企業側に）高度の必要性と、その必要性に見合った内容（停止・廃止措置の具体的内容）の相当性が必要であり、他方、労働者の不利益がどの程度か（賃金水準、それまでの昇給の幅、金額、経過措置の有無等）その他を総合考慮することで、判断します。

II 賞与

1．規定化の法的意味

　賞与に関する事項は、労基法89条4号（「臨時の賃金等…の定めをする場合においては、これに関する事項」，相対的必要記載事項）に該当するので、それを制度化するのであれば、就業規則への明記が必要です。

2．規定の戦略的意義

　任意の制度である賞与を導入する戦略的意義は、企業によっていろいろです。
　代表的なものを挙げると、
　① 賃金後払
　② 業績・成果配分
　③ 将来の勤労意欲の維持・向上
といったものです。どのような戦略的な意義づけをするかによって、制度設計（規定化）と運用（計算、支払）が大きく異なってきます。すなわち、賞与は、年功型賃金制度では①賃金後払を色濃く設計されるでしょうし、能力（成果）主義賃金制度では②業績・成果配分を色濃く設計されるでしょう。もちろん、長期雇用システムを採り賃金制度も年功型の企業でも、賞与だけは両者の中間的設計・運用をするものも、相当数存在します。この場合、①賃金後払、②業績・成果配分、さらに③将来の勤労意欲の維持・向上の要素を加味して運用するのです。

3．規定化の内容

　賞与は、通常、年に2回（夏季、冬季に支給）又は1回（前年度分を翌年2～3月に支給）です。賞与制度は任意の制度であり（労基法89条4号参照）、その設計は当該企業の裁量の問題であって、労働者に当然に賞与請求権が認められるものではありません。それゆえ、支給日在籍要件（賞与の支給対象期間に在籍していても、支給対象期間後の支給日に在籍しなければ支給されない旨の要件）も、適法とされています（大和銀行事件　最一小判昭57.10.7）。

また、賞与を年功型賃金と位置づけるか能力（成果）主義賃金と位置づけるかも、当該企業の裁量です。ただ、前者（年功型賃金）の位置づけをすると、賞与請求権が肯定される方向に行きやすいといえます。
　資料２－１の給与規程第６章の賞与の箇所（186ページ）を例に、解説します。
　まず、この第６章のうち、
・第29条が、賞与の支給基準です。「会社の業績及び社員の勤務成績・貢献度等に応じ」とありますが、抽象的で、当該賞与制度が年功型か能力（成果）主義型かはっきりしませんが、文言だけを見ると、能力（成果）主義型のようです。制度設計が抽象的な分、運用によってその賞与の性格が決定づけられます。
・第30条は、算定期間です。年に２回賞与を支給すること、それぞれの賞与の査定期間を明らかにしています。
・第31条は、支給日在籍要件を定めたものです。

4．規定変更（新設）による労働条件の不利益変更

　賞与も昇給と同様で、具体化（権利として確立）していなければ、労働条件の不利益変更の問題にはなりません。具体化していれば、既存の賞与請求権という賃金の一種（労基法11条の「労働の対償」となる）の不利益変更の問題となります。
　では、賞与は、いつ具体化するといえるでしょうか。
　まず、就業規則（賃金規程）に支給条件、支給日が具体的に規定され（例えば「夏冬賞与は、各人の基本給の２ヵ月相当分を、７月１日ないし12月１日に支給する」）ていれば、自動的に金額が計算でき、各年各賞与の支給日も特定できるので、その就業規則の定めに基づいて、賞与請求権は発生しているといえます。
　次に、就業規則（賃金規程）に支給条件、支給日が具体的に規定されていない（例えば、「賞与は、会社の業績と本人の職務遂行結果に基づいて、支給することがある」）場合は、少なくとも、その就業規則の定めに基づいては、賞与請求権は発生しません。賞与請求権は、「会社の業績と本人の職務遂行結果に基づいて」企業が各労働者毎に具体的な金額を決めた時点で、発生することになります。

よって、就業規則で賞与請求権が発生する定めになっていなければ、その定めを変更することは、労働条件の不利益変更にはなりません。他方、就業規則で賞与請求権が発生する定めになっているときは、その定め、つまり支給基準を変更するのは、まさに労働条件の不利益変更になります。

　その場合、賞与は労働の対償として賃金（労基法11条）になるので、変更には高度の必要性とその必要性に基づいた内容の相当性があるかが、厳格に判断されます。

＜規程（定）化の損得を見極める＞
　ここで一般的な注意事項を申し上げます。
　企業にとって、規定を具体的に定めれば定めるほど「得をする」ものと、具体的に定めれば定めるほど「損をする」ものがあります。つまり、規定を具体的に定めることは、常にプラスではないのです。
　賞与の定めは、まさに具体的に定めれば定めるほど企業は「損をする」ものです。解雇権が大幅に制限（労契法16条）されているわが国において、企業が労務管理を円滑に行うには、自らの武器（カード）の重要性をよく認識すべきです。その武器（カード）とは、
　・賞与
　・昇格・昇給
　・配転
の３つです。これらを、うまく使うことが、労務管理を円滑に行うコツであり、ひいては、企業が発展するコツになるのです。

第4章　退職金規程

1．規定化の法的意味

　多くの企業では、労働者の退職に備えて退職金制度を設けます。ただ、退職金制度を設けるか否かは、企業の自由（任意）です。退職金の支払義務は、企業が退職金制度を設けた結果として生ずるのであって、もし設けなければ発生しません。

　すなわち、退職金に関する事項は、労基法89条3号の2（「退職手当の定めをする場合においては、適用される労働者の範囲、退職手当の決定、計算及び支払の方法並びに退職手当の支払の時期に関する事項」、相対的必要記載事項）に該当するので、それを制度化する場合、就業規則への明記が必要となります。

2．規定の戦略的意義

　任意の制度である退職金制度を導入するのは、優秀な人材を確保するためですが、その観点からもその戦略的意義は、企業によっていろいろです。

　代表的なものを挙げると、

　① 　賃金後払
　② 　業績・成果配分

といったものです。

　どのような戦略的意義づけをするかによって、制度設計（規定化）と運用（計算、支払）が大きく異なってきます。すなわち、その設計も、以前は、多くの企業は年功的な退職金制度の設計でしたが、最近は能力（成果）主義的なものが主流になりつつあります。そして、功労的要素を加味させて、懲戒解雇その他企業に対して功績なく退職した場合、退職金を減額ないし不支給とする規定を設けます。

3．規定化の内容

(1) 設計（規定化）の典型的考え方

以前は年功的（年功的に積み上がった退職時の基本給に、やはり年功的に上昇した支給係数を掛けて算出する）でしたが、最近は能力（成果）主義的（毎年度ごとに担当する職務・役職に対応した成果によって算出するポイントを合計して、1ポイント〇円として、退職金額を算出する）なものが主流になりつつあります。そして、功労的要素を加味させて（これ自体、能力（成果）主義的考えに近い）、懲戒解雇その他企業に対して功績なく退職した場合、退職金を減額ないし不支給とする規定（支給制限規定）を設けます。

資料3（201ページ）には、現在も多く採用されている年功型の退職金規程を、解説の便宜のため掲載しています。

(2) 支給対象者

労基法89条3号の2にある「適用される労働者の範囲」、すなわち支給対象者を明記します。

対象者の範囲について法は関知するものではなく、正社員に限定してももちろんよく、現にほとんどの企業では、正社員に限定します。また、その正社員のうちでも、一定年数の勤続を条件とすることも、当然、できます。例えば、「満1年以上」、「満3年以上」、あるいは「満5年以上」としても、何ら問題はありません（資料3　第2条参照（202ページ））。

以上をまとめると、次のとおりです。

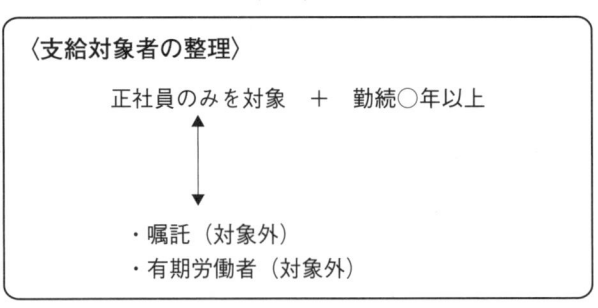

```
〈支給対象者の整理〉

    正社員のみを対象　＋　勤続〇年以上
         ↕
    ・嘱託（対象外）
    ・有期労働者（対象外）
```

(3) 計算

労基法89条3号の2にある「退職手当の決定、計算、支払方法・時期」のうちの、「決定」と「計算」の明記です。

典型的な退職金制度は次の枠組で、年功型賃金が退職金にも反映する内容になっています。

```
〈退職金の計算の枠組み〉
退職金＝算定基礎額×勤続年数に対応した支給率、但し、退職事由に
　　　　よって支給率に差異を設ける
                    ↑
                  （修正）

               ⅰ　増額
               ⅱ　減額・不支給
```

以下、退職金の算定（決定と計算）にあたっての設計の考え方につき、説明します（資料3　第4条～第8条参照（202、203ページ））。

①算定基礎額

通常、退職時の賃金を、退職金の算定基礎額とします。つまり、退職時まで年功的に上昇した賃金ベースが、退職金を計算するベースにもなるのです。

退職金制度を設けるか否かは自由であり、設計も自由です。退職金の算定基礎額を退職時の賃金にする必然性はありません。しかし、年功型賃金制度を採用する企業では、退職金も年功的に考える方向に行きやすいのです。

②支給率

支給率についても、勤続年数に応じてカーブが上昇するのは、年功的な設計の特徴です。ただ、支給率を、企業に功績があった場合や労働者に落度のない場合に高い率にして、それ以外と区別するのは、年齢が理由というより、功労的な考えからの設計といえます。

勤続年数については、月割りでするのか否かも、設計次第（設計

自由）です。つまり、年未満を切り捨てても違法とはなりません。ただ、ほとんどの企業は月割で計算します。

また、休職期間等の働いていない期間を、退職金の計算上勤続年数として評価（算入）するかも自由です。ほとんどの企業は、休職期間を、出向等企業の都合による場合は算入し、病気休職等といった労働者の主観的事情による場合は算入しないとします。

(4) 支給制限規定

退職金請求権は、退職金規程の定めに従って退職時に発生するので、かかる支給制限規定は退職金請求権の発生要件の問題にすぎず、全額払の原則（労基法24条）とは無関係です（三晃社事件　最二小判昭52.8.9）。

企業によっては、不支給条項を、「懲戒解雇されたとき」だけではなく、「懲戒解雇事由があったとき」と広げます。これは、背信行為をした労働者が企業に知られずに退職したものの退職金が支払われる前に発覚した場合や、企業が背信行為をした労働者を懲戒解雇しようとしたところ、当該労働者が辞職（退職届が出されると2週間ないし30日で退職の効果が発生してしまうので）した場合にも対応できるようにするためです。つまり、かかる条項があれば、退職金を支払わないことができます（資料3　第10条参照（204ページ））。

もっと徹底した企業では、「懲戒解雇事由が判明したときには、既払の退職金は返還しなければならない」と規定するものもあります。この場合、背信行為をした退職者に退職金を支払った後でも、退職金の返還を求められます。

ただ、裁判例は、支給制限規定を退職金が実質は賃金の後払的性格があることを考慮して限定解釈します。典型的には、懲戒解雇の事案において、懲戒解雇相当であっても、当該懲戒解雇事由が永年の勤続の功を抹消又は減殺するほど信義に反するものである場合に限って、全額あるいは一部支払わないことができる、としています（東京貨物社（退職金）事件　東京地判平12.12.18、東芝事件　東京地判平14.11.5、日本リーバ事件　東京地判平14.12.20、東京貨物社（解雇・退職金）事件　東京地判平15.5.6、山本泰事件　大阪地判平15.5.9、

トヨタ車体事件　名古屋地判平15.9.30、小田急電鉄（退職金請求）事件　東京高判平15.12.11、日音（退職金）事件　東京地判　平18.1.25等多数）。つまり、支給制限規定は、全額払原則とは無関係ですが、懲戒解雇事由（支給制限規定）があるからといって当然に不支給にできるものではなく、当該退職金の賃金後払的性格（ただ、その性格の強弱も、退職金制度の設計次第）から限定解釈がなされ、不払とするのがやむを得ない事実（永年の勤続の功を抹消又は減殺するだけの背信性）があるかの実質判断によりその不支給（一部支給も含めて）の当否が決せられます。

(5)　支払時期等
　①時期
　　通常、支払時期は、退職後遅滞なく支払うとか、退職後2週間以内などの定めがされています。もちろん、設計自由から、支払時期を自由に設定できます。
　②方法
　　次に、支払先は原則退職者ですが、死亡退職の場合、誰に支払うかの問題があります。これも企業が自由に設計できます。
　　つまり、退職金は、死亡するまでの未払賃金が相続財産になるのとは、異なります。死亡するまで働いた結果発生する賃金は、死亡時にすでに発生しており、ただ支払日が到来していない（給料日がきていない）だけです。当然、未払賃金は相続財産になり、これを企業が勝手に給与規程で受給者を指定することは相続法違反となり、無効です。
　　ところが、退職金は本来設けなくてもよい任意の制度であり、したがって企業が自由に設計できます。その退職金制度を設計する上で、死亡退職の場合に退職金の受給者を誰にするかは、企業の自由です。しかも死亡退職の場合、死亡によって退職金請求権が発生するので、当該労働者が取得することはない（当該労働者の権利能力は死亡によりなくなるので、取得できない）のです。死亡退職金の受給権が相続財産に属さないことは、最高裁も認めるところです。最一小判昭和55年11月27日は、団体が退職金規程で死亡退職金につ

いて独自に受給権者の範囲と順位を定めていたことについて、「右規定の定めにより直接これを自己固有の権利と係るして取得する者と解するのが相当であり、そうすると、右死亡退職金の受給権は相続財産に属さず、受給権者である遺族が存在しない場合に相続財産として他の相続人による相続の対象となるものではないというべきである。」と、判示しています。

　もちろん、かかる企業の設計自由という観点に立った上で、死亡退職の場合の受給者を定めるにつき、相続法の優先順位の考えを採ることも自由です（他方、当該労働者が退職して退職金請求権が発生した後に死亡すれば、未支給分は相続財産です）。そして通常は、①相続人、②労基則42条ないし第45条（あるいは、労災法16条の７）の規定の準用、③独自に順位を規定する、という例のどれかのようです。

　上記①は、相続と同じ処理をする、という設計です。メリットとしては、順位が相続法（民法第５編）に定められて明確ですが、デメリットとしては、相続人及び順位の認定を企業が行う必要があり（遺族に戸籍謄本等提出してもらって、優先順位を確定する必要）、相続関係が複雑になれば、煩雑となります。上記②は、災害補償の受給権の確定（労基則42条ないし45条）、あるいは労災保険給付の受給権の確定（労災法16条の７）と同じ基準で退職金の支払先を確定しようとするものです（なお、災害補償と労災保険給付の遺族の受給権の順位等はほぼ同じです）。メリットとしては、支払先が明確に確定できます。デメリットとしては、他の遺族からの説明に対応していかなければならなくなる点です。おそらく、上記②の例を採るのが、最も多いのではないかと思われます。

4．規定変更（新設）による労働条件の不利益変更

(1)　退職金制度の不利益変更の特殊性

　退職金制度の不利益変更も、退職時に受け取る金額が減るので、重要な労働条件の不利益変更となります。

　①特殊性その１…現実に退職して初めて訴えの利益が生じる

　　退職金は賃金と異なり、その権利は退職して初めて発生するの

で、退職金制度の不利益変更を巡る紛争は、現実に退職者が出てその者が旧規程で計算した金額より新規程で計算した金額の方が少ないという事態とならないと、訴えの利益はなく、顕在化しません。このように、退職金制度の不利益変更は変更時点では紛争が起きないので、変更時点で何も起きないといって安心してはいけません。

②特殊性その2…将来分も含めて不利益変更の問題となる

　過去の分だけでなく、将来の分も全く同様の評価になる点にも注意して下さい。すなわち、退職金制度移行前の過去の分は、既に変更前の退職金規程に基づいて受給する期待が現実化しているが、将来の分は、いまだ到来していないから、受給する期待が現実化していない、よって、将来の分は不利益変更の問題ではない、と考えるのは間違いです。将来の分も、変更前の退職金規程に基づいて受給する期待は法的保護に値するものであり、将来分も含めて、不利益変更の問題となります。

(2) 退職金制度の不利益変更の考え方

　任意の制度である退職金制度でも、制度化すれば、退職金を受ける利益（期待）は重要な労働条件となるので、その変更には高度の必要性に基づいた内容の相当性が求められます。

①設計の考え方を変更する場合

　労働条件の不利益変更の問題は、具体化した労働条件が不利益変更されたときに問題となるので、考え方の変更だけでは、この問題にはなりません。つまり、いくら考え方や方針が変わっても、現実の労働条件に影響がなければ、労働条件の不利益変更の問題にはならないのです。

②支給対象者を制限する場合

　例えば、支給対象者を勤続1年以上としてきたのを3年以上に制限する場合です。当然、対象から除かれる労働者にとっては、不利益変更になります。ただ、その不利益は、上記の例でいえば、1年以上3年未満で退職したときに発生（現実化）する不利益であり、実際に1年以上3年未満で退職をしたとき初めて訴えの利益が認められます。しかも、そのような退職者の退職金の金額はたいした金

額ではなく、不利益の程度もさほどではありません。

　ただ、退職金という労働者にとって重要な利益に関するものなので、変更する必要性は高度になければなりません。筆者が思いつく限りでは、合併により退職金規程を統一する必要くらいしか思い浮かびません。

　したがって、慎重を期するなら、新たに入社する者には不利益変更の問題は生じないので、不利益を受ける上記の範囲の労働者を適用除外にして変更した方がよいでしょう。すなわち、現在の社員には適用しないとして（その定めは、退職金規程の本文ではなく、附則に入れます）、変更するのです。

③計算（支給金額の計算式）を変更する場合

　全退職者に対し退職金額が変更されるので、賃金制度を変更するのに準ずる大きな問題になります。

　最近よくあるのは、退職金制度を年功型（年功的に積み上がった退職時の基本給に、やはり年功的に上昇した支給係数を掛けて算出する）から能力（成果）主義のもの（毎年度ごとに担当する職務・役職に対応した成果によって算出するポイントを合計して、1ポイント〇円として、退職金額を算出する）に変更すること（ケース1）、合併に伴って労働条件を統一する必要から退職金制度も統一すること（ケース2）です。以下は、最も難しいケース1を設例として、解説します。

　ａ．労働者が受ける不利益の程度

　労働者が受ける不利益は、当該労働者が実際に退職をした時点で計算した旧規程の金額と新規程の金額の比較で、新規程の方が低い場合のその差額分です。設例では、年功型退職金制度（旧規程）で計算する金額と、変更する能力（成果）主義退職金制度（新規程）で計算する金額を比較します。ただ、能力（成果）主義では、将来労働者がどのような職務・役職を何年担当するかによって計算が違ってくるので、平均（モデル）的に昇進した場合を想定して計算すべきでしょう。

　なお、合併に伴う退職金制度の統一においても、比較の対象となる変更後の将来の分は、やはり平均（モデル）的に昇進した場合を

想定して計算すべきでしょう。
b．変更の必要性、変更内容の相当性
　退職金は重要な労働条件なので、賃金制度の変更と同様、高度の必要性と変更内容もその高度の必要性に伴った相当なものでなければなりません。
　ⅰ　変更の必要性
　　賃金制度を能力（成果）主義に変更するのであれば、それに伴って退職金制度も同様のものに変更する必要性は、一般論としては肯定されますが、賃金の箇所でも説明したとおり、能力（成果）主義退職金制度に変更することが、
　　・なぜ当該企業にとって
　　そして、
　　・なぜこの時期に
　変更する必要があるのかが、賃金制度の変更のときと同様、問われます。
　ⅱ　変更内容の相当性
　　上記ⅰのとおり、変更内容は、高度の必要性に伴った相当なものでなければなりませんが、能力（成果）主義退職金制度の典型といわれる上記ポイント制では、担当する職務・役職の在籍期間とその間の成果によってポイントが積み上がるので、当然、その成果評価と当該職務・役職を担当させるにいたった評価の2場面の各評価を適正にするための人事考課制度が整備されているか、が重要な要素になります。
　　さらには、各職務・役職へのポイントの割り振り、成果へのポイントの割り振りが適正なものか、が重要な要素となります。
　　また、平均（モデル）的昇進をした場合の能力（成果）主義退職金制度の適用結果と、年功型退職金制度で普通に在職した場合とで、差異がないこと（退職金制度の変更が、実質は人件費削減であって、能力（成果）主義への移行は名目でしかない、とならないため）が求められるでしょう。
　　なお、退職金制度の変更では、日々の賃金制度の変更と異なり、調整給を利用することは、まずありません。

ｃ．総合考慮

　賃金制度の不利益変更と同様です。つまり、ａの労働者の受ける不利益の程度と、ｂの変更の（高度の）必要性とそれに伴う内容の相当性、を比較衡量（相関関係）しますが、その他、労働者によく説明したか、労働組合があるのであればよく交渉したか、といったことも総合考慮され、合理性が判断されます。

④支給制限規定の変更

　支給制限規定を広げたりする場合です。例えば、上記3⑷の話を使って説明すると、それまで支給制限規定が「懲戒解雇されたとき」だけだったのを、これに加えて「懲戒解雇事由があったとき」と広げ、さらに「懲戒解雇事由が判明したときには、既払の退職金は返還しなければならない」と規定するのは、その支給制限が適用される結果不支給となる労働者にとっては不利益変更です。

　では、合理性は認められるでしょうか。

　まず、労働者の受ける不利益は、懲戒解雇事由に該当することを行った労働者であり、そのような非違行為をしなければ不利益を受ける可能性はなかったのであり、加えて、裁判例では、支給制限規定自体を限定解決としているので、労働者が受ける不利益はごく例外的な範囲のもので、しかも上記限定解決からしてそれほどの不利益ではない、と評価できます。

　次に、変更の必要性は、懲戒解雇事由に該当することを行った労働者へ退職金を支給することは他の労働者との実質的公平性、職場のモラルの維持の点から問題があるといえ、よって、変更の必要性は高度にあるといえ、かつ上記の設例の規定（追加）内容はその変更の必要性に対応した相当なものといえるので、合理性は認められるでしょう。

⑤支払時期等

　時期等の変更は、あまりに遅くならない限りは、合理性はあると考えます。

第5章　有期労働者の就業規則

1．規定化の法的意味

　有期労働者に正社員を対象とする就業規則をそのまま適用するわけにはいきません。

　多くの企業は、通常、有期労働者を正社員とは異なる人事政策的位置づけ（例えば、簡易作業の大量処理、臨時に増大する業務量対応、先の見通せる事業への先行着手等）をしており、その労働条件は当然異なってしかるべきだからです。

　ただ、事業場で正社員も含めて10名以上いれば、有期労働者がその事業場に1人、2人でも、有期労働者に適用する就業規則を作成しなければなりません（労基法89条本文）。

2．規定の戦略的意義

　視点としては、当該企業において有期労働者の戦略的意義・位置づけをどのようにしているか、ということです。

　その視点から、有期労働者への労働条件の設計がされ、具体化（規定化）されることになります。

　各労働条件（項目）毎に検討する必要がありますが、まず総括的に挙げると、次のとおりです。

① 服務規律
② 採用及び試用
③ 人事異動
④ 休職
⑤ 退職
⑥ 労働時間・休憩・休日
⑦ 時間外・休日労働
⑧ 出退勤

⑨　賃金
⑩　臨時の賃金（賞与）
⑪　退職金
⑫　年次有給休暇
⑬　その他の法定休暇・法定休業
⑭　任意の休暇・休業
⑮　災害補償
⑯　表彰及び制裁
⑰　安全衛生

といったところです。

上記の中で、
(1)　絶対的必要事項は、⑤退職、⑥労働時間・休憩・休日、⑨賃金、⑫年次有給休暇、⑬その他の法定休暇・法定休業、
(2)　相対的必要事項は、①服務規律、③人事異動、④休職、⑦時間外・休日労働、⑧出退勤、⑩臨時の賃金（賞与）、⑪退職金、⑭任意の休暇・休業、⑮災害補償、⑯表彰及び制裁、⑰安全衛生、
(3)　任意的必要事項は、②採用及び試用、

です。

3．規定化の内容

(1)　規定化（設計）における考え方
　①形式について
　　有期労働者の労働条件が正社員のそれと同じ内容なら、正社員の就業規則の準用を考えます。違うなら、独自に規定します。ただし、同じであっても、明確に示す必要のある事項であれば、明記します。端的には、有期労働者にしっかり遵守してもらいたい事項（服務規律の中でも重要なもの、解雇、懲戒など）と考えるなら、準用ではなく明記します。そうでなければ、準用します。もっとも、準用の仕方は、「契約社員の性格に反しない限り、正社員の就業規則を準用する」といった包括的な準用はダメです。なぜなら、このような包括的な準用では、どの規定が「契約社員の性格に反しない規定」かが不明確で、準用されるか否かを巡ってトラブルになりやすいか

らです。
　これを表に整理すると、次のとおりです。

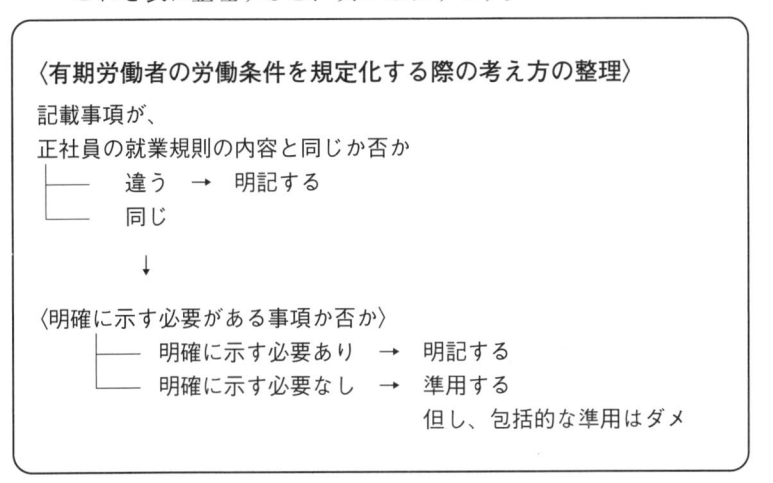

```
〈有期労働者の労働条件を規定化する際の考え方の整理〉
記載事項が、
正社員の就業規則の内容と同じか否か
    ├── 違う    → 明記する
    └── 同じ
         ↓
〈明確に示す必要がある事項か否か〉
    ├── 明確に示す必要あり  → 明記する
    └── 明確に示す必要なし  → 準用する
                              但し、包括的な準用はダメ
```

②有期労働者に特有の留意点

　さらに有期労働者には、次の課題につき就業規則に反映させる必要があります。

　第1は、雇止めの規制に対応するため更新基準を明記します。すなわち、退職の規定の中に独立の条項を設けて明記するのです。

　第2は、更新する際、労働条件、特に賃金は見直す可能性があることを、明記します。

　以下、その理由を説明します。

　まず、第1の更新基準を明記する必要は、「有期労働契約の締結、更新及び雇止めに関する基準」（厚生労働省告示第357号　平15.10.22）の要請から必要ということではなく、もっと積極的に、雇止めの規制に対応するためです。すなわち、雇止めの規制は、契約は期間が満了すれば終了する、という私法の大原則を修正するもので、日立メディコ事件（最一小判昭61.12.4）によって確立されました。これは、有期労働契約であっても、（その期間を超えて）ある程度の継続が期待（法的に保護に値する）される場合には、解雇

権濫用法理が類推適用され、契約を終了させるには合理的理由がなければならないという規制です。ただ、同判決は、この解雇権濫用法理が類推適用されるとしても、「終身雇用の期待の下に期間の定めのない労働契約を締結している」正社員の解雇とは、「おのずから合理的な差異がある」と、判示している点も重要です。

この判例と、それ以前に言い渡された東芝柳町工場事件（最一小判昭49.7.22）から、有期労働契約の雇止めに関しては、次表のとおり、およそ3つに類型化できます。

〈有期労働契約の類型と終了の規制〉

	雇用期間の性格	労働契約の終了における法的規制	備考
A	雇用期間の管理がルーズで、正社員との区別も不明確ゆえ、「期間の定めのない契約と実質的に異ならない状態」の類型	解雇権濫用法理が類推適用され、その基準は、正社員（期間の定めのない労働契約）とほぼ同じ	東芝柳町工場事件の最高裁判例
B	雇用期間の管理がしっかりし、正社員との区別も比較的明確だが、更新が繰り返され、さらなる更新（継続雇用）への期待が主観的ではなく客観的にある（法的に保護に値する）類型	解雇権濫用法理が類推適用されるものの、その基準は正社員とは「合理的な差異がある」 ↓ 更新の客観的期待度によって、類推適用される解雇権濫用法理の適用のされ方が異なることになる	日立メディコ事件の最高裁判例
C	そもそも更新（継続雇用）への期待が客観的（法的）にはない類型	解雇権濫用法理の類推適用は否定され、私法の原則どおり期間の経過という時の経過により、契約関係は終了する	下級審判例いくつもあり

B類型は、更新への期待が合理的（客観的）に保護するに値する限りその期待度に応じて雇用を保護するものなので、各有期労働契約での更新の期待度によって雇止めに類推適用される解雇権濫用法理の適用のされ方が異なります。つまり、B類型にはいろいろなバリエーションがある、さらに言うと、企業があらかじめそのバリエー

ションを設計することも可能、ということです。例えば、あらかじめ更新限度を5回とし、運用もそのとおりしていれば、6回目の更新は、本人が（主観的に）期待しても、客観的には保護に値しないので雇止めが可能です。また、3回目から更新の条件を厳しく設定するという設計も可能です（例えば、大学の助手制度等）。

その更新への期待度は、およそ次の要素で判断されます。
・担当業務の内容
・契約上の地位の基幹性・臨時性
・更新の反復回数
・雇用の継続年数
・更新手続の厳格さ
・雇用継続に関する採用時の説明
・従来の雇止めの実例

就業規則で更新基準を定めることは、まさに更新への合理的期待をコントロールする重要な意味を持ちます。その観点から、就業規則で更新基準を設定することと実際上の運用は、雇止めを巡るトラブルを予防する上で、とても重要です。

次に、第2の更新する際の労働条件の見直しの可能性を明記する理由は、次のとおりです。

有期労働者の働きぶりを、次回の有期労働契約における賃金（時給）等労働条件に反映させたいと企業が思うのは、自然なことです。そして実施の具体的方法は、更新時に新たに締結する有期労働契約の内容に反映させる、ということです。

しかし、有期労働者にとってそれが不利益なとき、有期労働者が応じないこともあり、そうなれば、次の（有期）労働契約は更新しない、という展開になるでしょう。この「更新しない」ということは、まさに雇止めです。しかし、これには、上記のとおり、一定の合理的理由が必要です。この雇止めの合理的理由の有無の判断において、当該雇止めの直接の原因となった、企業が労働条件を新たに提示（見直し）したが有期労働者がこれに応じなかったという事実が、最も重視されるはずです。つまり、新たな労働条件の提示と有

期労働者の拒否の評価が、雇止めの合理的理由の有無に直接響くのです。したがって、就業規則で労働条件の再設定の要件を定め、実際上も適切に運用することが、有期労働者の労務管理においてとても重要になります。

ただ、A類型、すなわち有期労働契約が期間の定めのない契約と実質的に異ならないところまでいくと、いくら期間満了時に労働条件を新たに提示（見直し）しても、期間の定めのない、つまり正社員への労働条件の不利益変更と同様の評価となるでしょう。すなわち、労働契約の内容の変更であり、就業規則の不利益変更か、新たな労働協約の締結か、あるいは有期労働者からの個別同意のいずれかが必要となります。

本書では、以上の考えのもと、また細部は(2)に述べる考えのもと、資料8（217ページ）の契約社員就業規則を一応のモデルとして掲載します。

(2) 具体的な規定化
①絶対的必要記載事項（ア．始業終業時刻、休憩時間、休日、休暇等、イ．賃金に関する事項、ウ．退職に関する事項）について
ア．始業終業時刻、休憩時間、休日、休暇等
(ア) 始業終業時刻、休憩時間、休日
正社員と同じ労働時間の枠で働いてもらうのであれば、これらの事項は、正社員の就業規則と同じ内容となるでしょう。これに対し、正社員とは異なり短時間勤務であれば、これらの事項は、正社員のそれとは全く異なる内容となります（資料8　第9条以下参照（220ページ））。
(イ) 休暇等
法令所定の年次有給休暇（年休、労基法39条）、産前産後休業（同65条）、生理休暇（同68条）、育児介護休業（育介法）、子の看護休暇等は、同法の規制を下回らない限りで、設計する必要があります（法令の限り、すなわち必要最小限度でも可能）。

これに対し、法令を上回る場合あるいは特別休暇については、正社員に認めているからといって、有期労働者にも認めるかは、

よく考えた方がよいです。例えば、次のものです。
  A．法令所定の休暇・休業で法令の規制を上回る部分
  ・年休において、要件（継続勤務要件、8割以上の出勤率）を緩和したり（入社時に付与、8割を割っても比例的に付与）、日数を上乗せしたり（10日→15日、20→30日 etc）、あるいは斉一的付与（10月1日、4月1日等に休暇の発生をそろえるため、6ヵ月、1年の要件を短くする）をする。
  ・有給が保障されていない休暇・休業（労基法65条、68条、育介法）の有給。
  B．特別（有給）休暇
  ・有給病気休暇（例えば、年休が2年で時効となっても、その失効した一定日数を病気等のため有給で使用することを認める）。
  ・特別有給休暇（忌引、公民権行使、配偶者の出産、結婚、社会奉仕活動 etc）。

　有期労働者に、正社員に認めた上記 A．法令所定の休暇・休業で法令の規制を上回るもの、B．特別（有給）休暇をどこまで認めるかは、まさに当該企業の裁量です。
　ちなみに、資料8　第18条以下（222ページ）は、最低限の休暇（休業）制度しか認めないとした場合を、規定例で表したものです。
イ．賃金に関する事項
　上記アで、正社員と同じフルタイムの有期労働者であったとしても、賃金体系は、通常は、全く別にします。どういう制度にするかですが、それはいろいろで月給制、日給制、時給制などがあります。しかし、いずれの場合でも、何を基準に賃金額を決めるのか、さらに何を基準に昇給（更新後の賃金）額を決めるのか、を設計しておく必要があります。特に、各契約期間毎の働きぶりで、次回の契約時の賃金額を決めようとするとするときは、なおさらです。
　有期労働者の賃金の定めの一般的なものを示すと、資料8　第21条以下（222ページ）のようになります。
　なお、有期労働者に正社員と全く同じ職務を担わせ、責任を負わ

せるなら、有期にとどめながら、賃金も正社員と差を設けることは、問題です。なぜなら、雇止めが困難となり、待遇が公序良俗違反として無効となる等の可能性があるからです。

ウ．退職に関する事項
　ⅰ　有期労働者からの契約期間途中の辞職
　　有期である点が、退職事由を設計する上で正社員と異なる検討を可能とします。それは、有期労働者からの契約期間途中の辞職です。法令では、この辞職は、「やむを得ない事由」がないと、できません（民法628条）。
　　一般的な退職に関する事項を示すと、資料8　第38条～第41条（226、227ページ）のようになります。
　ⅱ　更新基準の明確化
　　これは、上記(1)②にて述べたとおり、更新への期待度をコントロールする意義を持つので、きわめて重要です。更新基準の例を示すと、資料8　第35条（225ページ）のようになります。

②相対的必要記載事項（退職金、賞与、表彰・懲戒の定め等）について
ア．服務規律
　服務規律は、当該企業の構成員としての行為規範なので、正社員と同様の服務規律を定めるべきです。しかも、当該企業の構成員としての自覚をさせる意味で、準用ではなく、明記すべきです。
　その中でも、重要な服務規律については、やはり独立に規定した方がよいでしょう。例えば、次のようなものです。
①秘密保持義務、個人情報の取扱い
　これはむしろ、正社員と同様に入れるべきです。資料8　第6条、第7条（218、219ページ）で明記しています。
②二重就業の禁止
　フルタイムの有期労働者には、入れるべきです（資料8　第8条9号（220ページ））。
イ．人事異動
　正社員と同様に、有期労働者にも人事異動がありうるなら、明記

すべきです（資料8　第36条参照（225ページ））。ただ、有期労働者は、人事異動については正社員と異なることがままある（地域限定等）ところです。

ウ．休職

　有期労働者を休職制度の対象にする必要は、通常はありません。

　私傷病休職にしても、同制度は長期雇用システムを前提に福利厚生の観点からの解雇猶予制度なので、通常は、それを前提としない有期労働者には設けません。したがって、この制度を有期労働者にも認めるかは、慎重な検討が必要です。

　もし認める（制度化）としても、有期の意味を傷つけるような制度設計は、厳禁です。例えば、休職期間を残存雇用期間を超えて認めたりすることです。

　ちなみに、資料8（217ページ）では、全く設けていません。

エ．時間外・休日労働

　おそらくありうるでしょうから、時間外・休日労働に関する規定は明確に入れるべきです（資料8　第26条（223ページ））。ただし、所定労働時間や労働日が正社員より少ない有期労働者には、法内残業ないし法定休日以外の休日出勤になりうるので、その場合は割増賃金（労基法37条）は不要なので、その点クリアーに、支払う賃金をどうするか検討する必要があります。

オ．出退勤

　これは、当然正社員と同様に管理すべきです（資料8　第14条〜第17条参照（221、222ページ））。

カ．退職金、賞与

　原則は、不支給です。資料8は、この原則を採用しています（第30条2項（224ページ））。

　例外として支給するときも、正社員とは全く別の考え方で基準を設定します。例えば、賞与は、金一封（5万円、10万円）、あるいは、1ヵ月分（正社員は2〜3ヵ月とした場合）、退職金は、更新回数に対応（勤続年数をベースにしない。10万円×更新回数というように）して、計算します。

キ．任意の休暇・休業

当該企業の有期労働者の位置づけによりますが、一般的には、正社員に認めた任意の休暇・休業を有期労働者に認めることは、慎重にすべきです。

ク．労災補償

労災上乗せ補償制度の対象とするかですが、福利厚生の観点からの制度なので、有期労働者にも認めるかは、慎重な検討が必要です。資料8（217ページ）は、慎重な検討の結果、認めていません（定めなし）。

ケ．表彰・懲戒の定め

通常は、表彰・懲戒の定めをします。

内容としては、正社員と同様、あるいはそれに準じます。懲戒は、正社員と同じ内容のものを改めて契約社員就業規則に明記しておいた方が、企業のメッセージが有期労働者に伝わります（資料8　第43条以下（227ページ））。

コ．その他

安全衛生は、原則は準用でよいと考えます（資料8　第50条（230ページ））。

③任意記載事項（法令で定められた事項以外の確認事項等）について

試用制度を入れるか等ですが、入れて損はないといえます（資料8　第34条（225ページ））。

4．規定変更（新設）等による労働条件の不利益変更

(1) 有期労働者の労働条件の変更の方法

有期労働者の労働条件は、

①有期労働契約の期間途中で変更する

②更新の際に変更する

の2つの方法があります。

もっとも、②は、有期労働契約が期間毎にそれぞれ別個独立の契約であることからすれば、更新の際に、新たに締結する契約条件が前の契約と異なるだけであって、既得の労働条件が変更になるわけではあ

りません。

　ただ、上記3(1)②A類型は、「期間の定めのない契約と実質的に異ならない」ので、上記①、②の区別はなく、期間の定めのない契約すなわち、正社員の労働条件の変更とパラレルに行うことになり、その意味では、A類型の有期労働者の労働条件の不利益変更は、第2章を中心に解説してきたことが、そのまま妥当します。

　本章では、B類型の有期労働者について、労働条件の（不利益）変更の仕方につき、説明していきます。

(2)　有期労働者の労働条件を変更したいとき、上記(1)のうち①②のいずれが容易か

　当然②の方が容易です。以下では、その理由を説明する中で、上記①②の具体的な実施の仕方を説明します。

　a．上記(1)①の方法

　　契約締結時点で双方守ると約束した労働条件は、契約期間満了まで既得の権利として保護されているので、それをその期間途中で変更するのは、まさに労働条件の不利益変更の問題となり、実施するのであれば、第1章Ⅱ.1で解説したとおり、

　　・就業規則の規定を変更（新設）する
　　・新たな労働協約の締結
　　・労働者の個別同意

の3つのいずれかの方法で行う他ありません。

　　そして、就業規則の規定を変更（新設）することによる不利益変更については、これまでの章の解説がそのままあてはまります。したがって、重要な労働条件についての不利益変更では、有期労働契約においても、高度の必要性とその必要性に基づいた内容の相当性が求められる、ということです。よって、契約期間途中の重要な労働条件の不利益変更は、厳格に判断されます。

　b．上記(1)②の方法

　　他方、更新というのは、契約を延長することではなく、前の契約は一旦終了した上で新たな契約を締結することです。契約当事者が同一ゆえ、更新という言葉が使われるのです。

したがって、前の契約と更新契約は別個独立であり、更新契約で新たな契約条件を提示して双方合意することは、自由にできます(契約自由)。この理屈は、労働契約でも同様です。

　そこで、更新の際に、それまでの労働条件と異なる(低い)労働条件を提示し、これを有期労働者が了承すれば、その合意内容で更新契約を締結することは可能です。例えば、時給をこれまで1100円としてきたのを、更新契約で1050円を提示し有期労働者が了承したら、時給を1050円とする更新契約が締結できます。

　それでは、有期労働者が了承しなかったときはどうなるでしょうか。企業としては、当該労働者に1100円は高すぎると考え、それだったら更新したくない、と考えていたとします。

　理屈からは、当該労働者が了承をしないときには、更新しない(雇止め)ことが可能です(ただし、変更解約告知について、我が国の判例が固まっているとはいえないため、注意が必要です)。

　ただそうなると、雇止めされた有期労働者がその効力を争う展開が、容易に予想されます。その際、雇止めには解雇権濫用法理が類推適用されるので、雇止めが濫用とはいえないほどの合理的理由が必要となります。その判断の中で、雇止めの直接の原因となった新たな(低い)労働条件提示の合理性が判断されることになるでしょう(日本ヒルトンホテル(本訴)事件　東京高判　平14.11.26)。

　このように、(企業による)更新時の新たな労働条件の提示→有期労働者の拒否→(企業による)雇止め→雇止め紛争への展開において、争点は、雇止めの原因となった新たな労働条件の提示とその拒否が雇止めをせざるを得ない合理的理由といえるかになります。その点を、双方で主張・立証するのです。

　上記設例の、前の契約の時給が1100円であったところ、1050円を更新時に提示したら拒否された、という場合は、50円下げて提示することに合理性があるかが最大の争点で、それが肯定されれば、その提示が拒否された以上雇止めも合理的理由あり、となるでしょう。

　そして、50円下げて提示することに合理性があるかの評価では、更新の有無と更新する場合の労働条件の見直しにおいて前の契約期

間の職務遂行の状況等を斟酌する、といったルールを、契約社員就業規則あるいは有期労働契約書の中に組み込んでいるかで、だいぶ結論に違いが生じると思われます。もし、組み込んでいれば（資料8第30条、第35条参照（224、225ページ））、更新への合理的期待は、このルールの限度での期待、という評価になるからです。その結果、その50円下げた提示は、当該有期労働者の職務遂行の状況等にその実態があれば、合理的となり、よってその提示を拒否した有期労働者を雇止めするにも合理的理由あり、となります。他方、このルールを組み込んでいないときは、更新時に、前の契約期間の職務遂行の状況等が、更新の有無、更新する場合の労働条件の見直しにおいて斟酌されることは想定（期待）外、ということになりかねず、そうなると雇止めは合理的理由なく無効となるでしょう。ただ、契約社員就業規則等に明記してなくても、有期労働者の更新管理において、それまでの職務遂行の状況等を、更新の有無、更新する場合の労働条件の見直しに斟酌していたのであれば、やはり、更新への期待は、その限度での期待ということで、契約社員就業規則等で上記明記していたときと同様の結論になります。

　ただ、明記していなければ、企業は、この有期労働者への更新管理の実態を立証しなければなりません（他方、契約社員就業規則等に明記していれば、就業規則を提出するだけで立証できるので、立証は容易です）。

　なお、日本ヒルトンホテル（本訴）事件は、会社が契約更新の際に労働条件の変更を提示したことに対して、労働者が異議留保付き承諾を行った（つまり、争う権利を留保しつつ、会社の示す労働条件で働くことを承諾した）ところ、会社が雇止めした事案ですが、控訴審判決は、このような留保付き承諾は有効な承諾とはいえないとして、雇止めを有効としました。

(3)　有期労働者の労働条件の変更は現実的にはどのようにしたらよいか

　上記(2)で見てきたように、有期労働者の労働条件の変更は、更新時に新たな労働条件を提示して変更する方が容易であり、期間途中で変

更するのは、正社員の労働条件の（不利益）変更と同様、大変なことです。

したがって、原則をまず述べれば、有期労働者全員を対象に統一的かつ同時に労働条件を（不利益）変更する必要がある場合（例えば、労働時間等の労働の枠組）は、契約社員就業規則の変更（新設）による不利益変更を実施する他ないですが、それ以外（特に、有期労働者毎に決まる時給等の賃金部分）は、更新時に更新契約によって新たな賃金を提示することで変更するのが、安全です。加えて、契約社員就業規則には、更新時にどういう要素を基準に、更新の有無、更新の際に前の有期労働契約と異なる労働条件を提示するかを明記しておくことが、より安全となります。

もっとも、有期労働者の契約期間の始期終期及び契約期間を統一的に管理している企業（典型的には、どの有期労働契約も毎年4月1日から1年間、期の途中に採用しても、最初の契約で3月31日を終期として次期からそろえる）においては、有期労働者全員を対象に統一的かつ同時に労働条件を(不利益)変更する必要がある場合も、例えば、4月1日の更新契約の際、一斉にその個別の更新契約で変更することが可能となります。よって、有期労働者の労務管理においては、契約期間の始期終期・契約期間を統一的に管理することは、労働条件の変更も含めた更新管理を容易に、そして安定的にする大きなメリットがあるといえます。

①就業規則で統一的かつ同時に変更が可能な労働条件とは

厳格な判断がされる就業規則（契約社員就業規則）の不利益変更での実施なので、変更の合理性が否定されるリスクのある重要な労働条件で、かつ不利益の程度の大きい変更は、避けたいところです。

その観点から、可能と考えられるのは、例えば、労働時間は同一のままでの始業終業時刻の変更、労働時間・欠勤・年休等の各管理方法の変更、あるいは休憩時間帯の変更、さらには服務規律の追加、表彰、安全衛生などの変更です。

②上記①以外の労働条件とは

時給等の賃金に関する事項が典型的です。各人毎の前の有期労働契約期間の職務遂行（パフォーマンス）の状況等を評価して、更新

する有期労働契約に反映させるわけです。その他、退職事由の追加とか、懲戒事由・処分の追加、異動する範囲の拡大、更新基準の厳格化等は、個別同意をとりたい事項なので、更新時に変更を実施した方が安全です。

　もっとも、変更の仕方は、個別の労働条件となる時給額では個別の有期労働契約書の時給欄にその記載をすることで変更されますが、それ以外の上記事項は、いずれも、契約社員就業規則に条項を変更・追加することで実施するはずです。よって、具体的な変更の仕方としては、更新する有期労働契約書の中に、次の一文を入れます。すなわち、「有期労働者乙は、本契約が、平成○年△月×日施行の契約社員就業規則によって規律されることを確認し、同意する」。これによって、変更後の契約社員就業規則が個別の有期労働契約の内容に、間違いなく反映されるのです（労契法9条）。

資料

資料1	就業規則	……………………………………165
資料2の1	給与規程その1	…………………………………179
資料2の2	給与規程その2（能力（成果）主義賃金への部分移行例）	……189
資料2の3	給与規程その3（能力（成果）主義賃金への全面移行例）	……195
資料3	退職金規程	………………………………………201
資料4	出向規程	…………………………………………205
資料5	転籍合意書	………………………………………207
資料6	休職規程	…………………………………………209
資料7	定年後再雇用規程	………………………………213
資料8	契約社員就業規則	………………………………217

資料1　就業規則

第1章　　総則（第1条～第2条） ················ 1 (166)

第2章　　服務規律（第3条～第5条） ············ 1 (166)

第3章　　人事（第6条～第21条） ················ 2 (167)
　　第1節　採用および試用（第6条～第10条） ······ 2 (167)
　　第2節　人事異動（第11条） ···················· 3 (168)
　　第3節　休職（第12条～第15条） ················ 3 (168)
　　第4節　退職、解雇（第16条～第21条） ·········· 4 (169)

第4章　　勤務（第22条～第30条） ················ 5 (170)
　　第1節　労働時間・休憩・休日（第22条～第26条） ··· 5 (170)
　　第2節　時間外・休日労働（第27条） ············ 6 (171)
　　第3節　出退勤（第28条～第30条） ·············· 6 (171)

第5章　　休暇（第31条～第38条） ················ 7 (172)
　　第1節　年次有給休暇（第31条） ················ 7 (172)
　　第2節　その他の法定休暇・法定休業等（第32条～第37条）
　　　　　　 ······································ 7 (172)
　　第3節　その他の休暇・休業（第38条） ·········· 9 (174)

第6章　　災害補償（第39条～第40条） ············ 9 (174)

第7章　　表彰及び制裁（第41条～第45条） ········10 (175)
　　第1節　表彰（第41条～第42条） ················10 (175)
　　第2節　制裁（第43条～第45条） ················10 (175)

第8章　　安全衛生（第46条～第48条） ············12 (177)
第9章　　賃金等（第49条） ······················13 (178)

165

第1章　総則

（目的）
第1条　この就業規則（以下「規則」という）は、社員の労働条件その他の就業に関する事項を定める。

（適用範囲）
第2条　この規則は社員に適用し、契約社員、嘱託及びパートタイム労働者については、契約社員就業規則に定める。

第2章　服務規律

（規則遵守の義務）
第3条　社員は、この規則及びその他諸規程を遵守し、各々その義務を履行し、事業の発展に努めなければならない。

（服務の原則）
第4条　社員は、所属上長の指示命令を誠実に守り、たがいに協力して職責を遂行するとともに、職場の秩序の保持に努めなければならない。

2　上長は、部下の指導に努めるとともに、率先して職務の遂行にあたらなければならない。

（服務の心得）
第5条　社員は、職場の秩序を保持し、業務の正常な運営をはかるため、次の事項を守らなければならない。
　　　①会社の名誉、信用を傷つけないこと
　　　②職務の権限を越え独断的なことをしないこと
　　　③会社の機密を漏洩しないこと
　　　④勤務時間中に、みだりに職場を離れないこと
　　　⑤酒気をおびて就業しないこと
　　　⑥職務を利用して自己の利益をはからないこと
　　　⑦職務を利用して、他より不当に金品を借用し、贈与を受けるなど、不正な行為を行わないこと

⑧性的な言動によって、他の社員に不利益を与えたり、就業環境を害さないこと
⑨許可なく他人に雇われ、他の会社等の役員に就任し又は会社に不利益を与え若しくは自ら営業をしないこと
2　前項第3号の義務は、社員が退職した後も負うものとする。

第3章　人事
第1節　採用及び試用

（採用）
第6条　社員の採用は就業希望者のうちから所定の選考手続を経て決定する。

（提出書類）
第7条　社員として採用されたときは、採用後2週間以内に次の書類を提出しなければならない。
　　　①履歴書
　　　②住民票記載事項証明書
　　　③その他会社が指定した書類
2　前項の書類の記載事項に変更があったときは、その都度すみやかに届出なければならない。

（試用期間）
第8条　新たに採用した者は、採用の日から6ヵ月間を試用期間とする。但し、会社が必要があると認めたときは、3ヵ月を限度に延長することがある。
2　試用期間中又は試用期間満了時に社員として不適格であると判断された者は、解雇する。
3　試用期間は、勤続年数に通算する。

（労働条件の明示）
第9条　会社は、社員の採用に際しては、就業規則を提示し労働条件を明示するとともに、採用時の賃金及び労働時間その他労働条件が明らかとなる書面を交付して明示する。

（雇入れ時の教育）
第10条　新たに採用した者には、就業上必要な教育又は研修を行う。

第2節　人事異動

（人事異動）
第11条　業務の都合により、配転（就業の場所又は従事する業務の変更）、昇格、降格、出向を命ずることがある。
　2　前項により、配転、昇格、降格、出向を命ぜられた場合は、正当な理由のない限り、拒否することはできない。
　3　出向者の出向にあたっての労働条件は、別に定める出向規程による。

第3節　休職

（休職）
第12条　社員が次の各号の一に該当するときは、休職を命ずる。
　　　①業務外の傷病による欠勤が引き続き1ヵ月を超えたとき
　　　②公職に就任し必要と認めたとき
　　　③労働組合の専従となったとき
　　　④会社の命令により関係会社又は関係団体の業務に従事するとき
　　　⑤その他前各号に準ずる特別な事情があり休職させることが適当であると認めたとき

（休職期間）
第13条　前条の休職期間は、次のとおりとする。
　　　①前条第1号のとき　　　　　　　　6ヵ月
　　　②前条第2号から第4号までのとき　必要な期間
　　　③前条第5号のとき　　　　　　　　会社が決めた期間
　2　前項第1号の期間は、会社が特に必要と認めたときは、延長することがある。
　3　第1項第1号の期間は、最初の休職後に復職した後6ヵ月以内に同一又は類似の傷病によりさらに欠勤となったときは、前の休職期間に通算する。

（復職）

第14条　休職事由が消滅したときは、原則として原職務に復帰させるが、異なる職務に就かせることもある。一定の期間リハビリ勤務が必要なときは、その期間中の賃金は、その勤務内容に応じて会社が決定する。
　　2　休職期間満了になっても休職事由が消滅しなかったときは、第16条により自然退職とする。

（休職期間）
第15条　休職期間中は、賃金を支給しない。
　　2　休職期間は、退職金及び永年勤続年数の計算に際してはこれを通算しない。但し、第12条第4号の休職にあってはこの限りではない。

第4節　退職、解雇

（退職）
第16条　社員が次の各号の一に該当するときは、退職とする。
　　①死亡したとき
　　②定年になったとき
　　③本人の都合により退職の申し出をした日から起算し14日を経過したとき
　　④休職期間が満了しても、なお休職事由が消滅しないとき

（定年）
第17条　社員の定年は満60歳とし、定年に達した日の属する月末をもって退職とする。但し、定年後再雇用に関する労使協定の基準に該当した者は、有期にて再雇用する。

（辞職）
第18条　社員が自己の都合により退職しようとするときは、少なくとも14日前までに、退職の申し出をしなければならない。

（解雇）
第19条　社員が次の各号の一に該当するときは、解雇する。
　　①勤務能力又は勤務成績が不良で、改善の見込みがないと認められたとき
　　②健康不良で勤務に耐えられないと認められたとき

③協調性を欠き、その他会社の構成員としての適格性がないと
　　　認められたとき
　　④会社の名誉又は信用を著しく毀損する行為をしたとき
　　⑤事業の運営上やむを得ない事情により事業の継続が困難にな
　　　ったとき、又は事業の縮小により他の職務に転換させること
　　　かできず人員削減が必要となったとき
　　⑥その他前各号に準ずるやむを得ない事由があるとき
（解雇の予告）
第20条　解雇する場合、試用期間中の者（14日を超えて引き続き使用さ
　　　れた者を除く）を除き、30日前に本人に予告するか、平均賃金の
　　　30日分に相当する予告手当を支払う。
（退職証明書の交付）
第21条　会社は、退職又は解雇（解雇予告期間中をも含む）された者よ
　　　り退職証明書の請求があった場合は、遅滞なくこれを交付する。

第4章　勤務
第1節　労働時間・休憩・休日

（労働時間及び休憩）
第22条　所定労働時間は1週（週の起算日は土曜日とする）40時間、1
　　　日8時間とし、始業・終業の時刻及び休憩時間は次のとおりとす
　　　る。
　　　　始業　午前8時30分　終業　午後5時30分
　　　　休憩　正午から午後1時まで
　2　業務上の都合により前項の時刻を臨時に繰り上げ、又は繰り下
　　　げることがある。この場合においても、1日の労働時間が8時間
　　　を超えることはない。
（休日）
第23条　休日は次のとおりとする。
　　　　①土曜日、日曜日（法定休日）
　　　　②国民の祝日（振替休日を含む）、年末年始（12月30日から1
　　　　　月3日まで）
　　　　③会社創業記念日

（労働時間の計算）
第24条　社員が出張した場合の労働時間は、特に指示があったときを除き、所定労働時間勤務したものとする。
　2　営業社員の事業場外労働における労働時間は、労使協定で定める時間労働したものとして取り扱う。
（休憩時間の自由利用）
第25条　休憩時間は自由に利用することができる。
（休日の振替）
第26条　業務の都合によりやむを得ない場合には、事前に、第23条の休日を他の日と振り替えることがある。

第2節　時間外・休日労働

（時間外・休日労働）
第27条　業務の都合により、所定労働時間を超え又は休日に労働させることがある。
　2　前項の場合において、労働基準法で定める労働時間を超え又は法定休日に労働させるときは、会社はあらかじめ労働者を代表する者と書面による協定をし、これを所轄労働基準監督署長に届け出るものとする。但し、満18歳未満の者は、時間外労働又は休日労働させることはない。

第3節　出退勤

（出退勤手続）
第28条　社員は、始業及び終業の時刻を厳守し、出退勤は所定の場所において、出退勤時刻を各自のタイムカードに記録しなければならない。
　2　社員がやむを得ない事由により遅刻するときは、あらかじめ所属長に届け出て承認を受けなければならない。但し、事前に承認を受けることができないときは、事後遅滞なく、その承認を受けなければならない。
（欠勤）
第29条　病気その他やむを得ない事由により欠勤しようとするときは、

所属長に届け出なければならない。

2 病気欠勤が引き続き3日以上に及ぶときは、医師（会社が医師を指定することもある）の診断書を提出しなければならない。

（早退、外出等）

第30条 やむを得ない事由により、早退し又は勤務時間中に外出しようとするときは、所属長の許可を受けなければならない。

第5章 休暇
第1節 年次有給休暇

（年次有給休暇）

第31条 次表の勤続年数に応じ、所定労働日数の8割以上出勤した者に対し、同表に掲げる日数の年次有給休暇を与える。

勤続年数	6ヵ月	1年 6ヵ月	2年 6ヵ月	3年 6ヵ月	4年 6ヵ月	5年 6ヵ月	6年 6ヵ月以上
有給休暇日数（日）	10日	11	12	14	16	18	20

2 年次有給休暇を取得しようとする者は、所定の手続により、3日前に届け出るものとする。但し、社員が指定した日に休暇をとらせることが事業の正常な運営に支障があるときは、指定した日を変更することがある。

3 前項の規定にかかわらず、会社は労使協定を締結したうえで各社員の有する年次有給休暇のうち5日を超える日数について時季を指定して与えることがある。

4 当該年度の年次有給休暇の全部又は一部を消化しなかった場合、その残日数は翌年度に限り繰り越すことができる。

5 第1項の出勤率の算定に当たり、業務上の傷病による休業期間、育児・介護休業法に基づく育児休業期間・介護休業期間、産前産後の休業期間、及び年次有給休暇取得の期間は、これを出勤とみなす。

第2節 その他の法定休暇・法定休業等

（産前産後の休業等）

第32条　6週間（多胎妊娠の場合は14週間）以内に出産する予定の女性社員は、その申出によって、産前6週間（多胎妊娠の場合は14週間）以内で休業することができる。
　2　女性社員が出産した場合には、8週間の産後休業を与える。但し、産後6週間を経過した女性が請求した場合には、医師が支障がないと認めた業務に就くことができる。
　3　女性社員で、生理日の就業が著しく困難な者から請求のあったときは、必要な日数について就業を免除（休暇の取得）する。
　4　前各項の休業・休暇は、無給とする。

（公民権の行使）
第33条　選挙権その他、公民としての権利を行使するため必要ある場合には、社員からの請求により公民権行使のために必要な時間を与える。
　2　前項の必要時間は、無給とする。

（育児休業）
第34条　1歳未満の子（特別の事情ある場合1歳6ヵ月）の養育を必要とする社員は、会社に申し出て育児休業、育児短時間勤務、子の看護休暇の適用を受けることができる。
　2　育児休業、短時間勤務、子の看護休暇の対象者、手続等の必要事項は、法律の定めるところによる。

（介護休業）
第35条　傷病のため介護を要する家族がいる社員は、会社に申し出て介護休業、介護休暇、介護短時間勤務の適用を受けることができる。
　2　介護休業、介護休暇、介護短時間勤務の対象者、手続等の必要事項は、法律の定めるところによる。

（育児時間）
第36条　生後1年に達しない子を育てる女性社員があらかじめ申し出た場合は、休憩時間のほか、1日について2回それぞれ30分の育児時間を与える。但し、無給とする。

（母体健康管理の措置）
第37条　妊娠中又は出産後1年を経過しない女性社員から所定労働時間内に通院休暇の請求があった場合は、次の範囲で休暇（但し、無

給。次項以下も同様）を与える。
　　①産前の場合
　　　　妊娠23週まで……………… 4週間に1回
　　　　妊娠24週から35週まで…… 2週間に1回
　　　　妊娠36週から出産まで…… 1週間に1回
　　②産後（1年以内）の場合
　　　　医師等の指示により必要な時間
2　妊娠中の女性社員に対し、通勤緩和の観点から、出社、退社各々30分の遅出、早退を認める。
3　妊娠中の女性社員に対し、適宜休憩時間の延長、休憩の回数の増加を認める。
4　妊娠中又は出産後の女性社員に対し、同社員の諸症状に対応するため、次の措置のいずれかを認める。
　　①作業の軽減
　　②勤務時間の短縮
　　③休業等

第3節　その他の休暇・休業

（慶弔休暇）

第38条　社員が次の各号の一に該当する事由により、休暇を申請した場合には、慶弔休暇を与える。

事由	付与日数
本人結婚のとき	5日
配偶者が出産したとき	2日
父母、配偶者又は子女の死亡のとき	3日
兄弟姉妹、祖父母又は配偶者の父母の死亡のとき	3日

2　前項の休暇は、有給とする。

第6章　災害補償

（業務上災害補償）

第39条　社員が業務上負傷又は死亡し、疾病にかかり障害又は死亡した

場合は、労働者災害補償保険法の定めるところにより補償給付を受ける。

2　前項の給付がされる場合、会社は労働基準法上の補償の義務を免れる。

（通勤災害）

第40条　社員が通勤途上において負傷又は死亡し、疾病にかかり障害又は死亡した場合は、労働者災害補償保険法の定めるところにより給付を受ける。

2　通勤途上であるか否かの判断は、所轄労働基準監督署長の認定による。

第7章　表彰及び制裁
第1節　表彰

（表彰）

第41条　会社は社員が次の各号の一に該当する場合、表彰する。

①事業の発展に貢献し、又は業務上有益な創意工夫、発見をなした場合

②就労態度及び技能において、他の社員の模範とするに足りる場合

③社会的功績により会社の名誉信用を高めた場合

④事故、災害を未然に防止し、又は事故災害に際し適切に対応し、被害を最小限にとどめるなど功績が顕著であった場合

⑤永年誠実に勤務した場合

⑥前各号に準ずる善行又は功労のあった場合

（表彰の方法）

第42条　表彰は、賞状のほか賞品又は賞金の授与をもって行う。

第2節　制裁

（懲戒の種類）

第43条　懲戒の種類及び程度は、次のとおりとする。懲戒処分は、併科することがある。

①けん責　　始末書を徴して将来を戒める。

②減給　　　始末書を徴するほか、減給する。但し、減給は1回の額が平均賃金の1日分の2分の1を超えることはなく、また、総額が一賃金支払期における賃金の総額の10分の1を超えることはない。

③出勤停止　始末書を徴するほか、1ヵ月を限度として出勤を停止し、その間の賃金は支給しない。

④降格　　　始末書を徴するほか、職務上の地位を免じ又は下位等級へ降格する。

⑤諭旨解雇　諭旨により退職願を出させるが、これに応じないときは懲戒解雇する。

⑥懲戒解雇　即時解雇する。但し、所轄労働基準監督署長の認定を受けなかったときは、予告手当は支給をする。

（けん責、減給、出勤停止又は降職）

第44条　次の各号の一に該当した場合、出勤停止又は降職にする。但し、改しゅんの情が顕著に認められること、過去の勤務成績が良好であったこと等情状により、減給又はけん責にとどめることがある。

①正当な理由なく業務に関する命令に従わないとき

②自己の職責を怠り、職務怠慢であったとき

③頻繁に無断欠勤、遅刻、早退、又は外出を行う等、職場の秩序を乱すような身勝手な行為があったとき

④業務上の権限を超え、又はこれを濫用して専断的な行為があったとき

⑤けんか等職場の秩序を乱す行為があったとき

⑥素行不良で会社内の風紀を乱したとき

⑦会社内において、性的な関心を示したり、性的な行為をしかけたりして、他の社員の業務に支障を与えたとき

⑧監督不行届により、部下が会社に損害を与えたとき

⑨前各号に準ずる程度の不都合な行為があったとき

（諭旨解雇又は懲戒解雇）

第45条　次の各号の一に該当した場合、諭旨解雇又は懲戒解雇にする。但し、改しゅんの情が顕著に認められること、過去の勤務成績が良好であったこと等情状により前条の処分にとどめることがある。

①極めて軽微なものを除き、事業場内における盗取、横領、傷害等刑法犯に該当する行為があったとき
②賭博、風紀素乱等により職場規律を乱し、他の社員に悪影響を及ぼしたとき
③雇入れの際の採用条件の重要な要素となるような経歴を詐称したとき
④会社の承認を得ないで、他の事業へ転職したとき
⑤14日以上正当な理由なく無断欠勤し、出勤の督促に応じないとき
⑥業務に関する重大な秘密を他に漏らしたとき
⑦業務に関連し私利をはかり、又は不当に金品その他を収受するなどの行為があったとき
⑧素行不良で会社内の風紀を乱したとき（行為が前条よりも重いとき）
⑨職責を利用して交際を強要したり、性的な関係を強要したとき
⑩前条各号に該当する行為を反覆し、改しゅんの情が認められないとき
⑪前各号に準ずる程度の不都合な行為があったとき

第8章　安全衛生

（安全及び衛生）
第46条　会社は、社員の安全及び衛生のため、積極的な措置をとるものとし、社員は常に安全及び衛生に関する規定及び通達、指示を厳守し、その予防に努めなければならない。

（災害処置）
第47条　社内に災害その他非常災害が発生し、又はその危険があることを知り、その他異常を認めた場合は、直ちに臨機の処置をとるとともに、関係者に連絡し、その被害を最小限にとどめるよう努めなければならない。
 2　社員が法定伝染病、その他行政官庁の指定伝染病もしくは就業

することが不適な疫病、又は他に悪影響を及ぼすおそれのある疫病にかかった場合は、勤務を禁止する。

（健康診断）
第48条　会社は、社員の採用の際及び毎年1回定期に健康診断を行う。但し、必要ある場合は、全部又は一部の者に対して臨時に行うことがある。
　2　社員は、正当な理由なく、前項の健康診断を拒むことはできない。

第9章　賃金等

（賃金等）
第49条　賃金、退職金については、別に定める。

付則

（施行）
第1条　この規則は、平成　年　月　日より施行する。

資料2の1　給与規程その1

第1章　総則（第1条〜第3条） ……………………… 1（180）

第2章　給与の計算（第4条〜第9条） ……………… 2（181）

第3章　基準内給与（第10条〜第18条） ……………… 3（182）

第4章　基準外給与（第19条〜第21条） ……………… 5（184）

第5章　昇給（第22条〜第28条） ……………………… 6（185）

第6章　賞与（第29条〜第31条） ……………………… 7（186）

給与規程その1

第1章　総則

(目的)
第1条　この規程は、就業規則第○条により、社員に対する給与の決定、計算、支払方法、締切、支払の時期ならびに昇給に関する事項、および賞与支給に関する事項を定める。
　2　契約社員、嘱託、パートタイマーに対する給与は、契約社員就業規則に定める。

(給与決定の原則)
第2条　社員の給与は、会社の支払能力・社会的水準・物価状況および社員の職務遂行能力、年齢、勤続、職責などを考慮して決定する。

(給与の構成)
第3条　給与は、基準内給与と基準外給与とに分け、その構成は次のとおりとする。

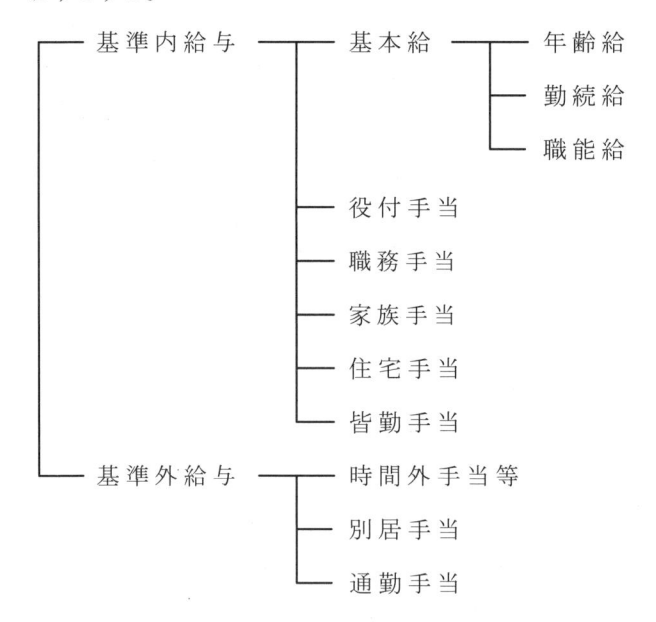

```
                ┌─ 基本給 ──┬─ 年齢給
                │           ├─ 勤続給
                │           └─ 職能給
  ┌─ 基準内給与 ┤
  │             ├─ 役付手当
  │             ├─ 職務手当
  │             ├─ 家族手当
  │             ├─ 住宅手当
  │             └─ 皆勤手当
  │
  └─ 基準外給与 ┬─ 時間外手当等
                ├─ 別居手当
                └─ 通勤手当
```

第2章　給与の計算

（計算期間、支払日）
第4条　給与は、前月21日より当月20日までの分を当月25日（但し、銀行非営業日のときはその前の銀行営業日）に支払う。

（非常時払い）
第5条　前条の定めにかかわらず、次の各号の一に該当する場合、本人（本人死亡の場合はその遺族）の請求に基づき既往の就業に対する給与を支払う。
　　①本人またはその扶養家族の出産、疾病のとき
　　②本人またはその扶養家族の婚礼または葬儀のとき
　　③災害による非常の場合の費用に当てるとき
　　④本人が退職または解雇されたとき
　　⑤その他事情やむを得ないと会社が認めたとき

（欠勤控除等）
第6条　欠勤・早退・遅刻・私用外出などにより所定就業時間の全部または一部を就業しなかった場合は、その不就労の日数・時間に対応する給与は支給せず、計算方式は、次のとおりとする。
　　⑴　欠勤の場合

$$\frac{基準内給与}{1ヵ月平均所定勤務日数} \times 欠勤日数$$

　　⑵　遅刻、早退、私用外出の場合

$$\frac{基準内給与}{1ヵ月平均所定勤務時間} \times 時間数$$

　2　本条の定めは、管理職には適用しない。

（中途入退社者の日割り計算）
第7条　給与締切期間途中に入社または退社した者の給与は、日割り計算により支給するものとし、計算方式は、次のとおりとする。

$$\left\{\begin{array}{l}\text{締切期間中の}\\\text{基準内給与総額}\end{array} - (\text{皆勤手当})\right\} \times \frac{\text{出勤日数}}{1\text{ヵ月平均所定勤務日数}} + \text{基準外給与}$$

2 通勤手当は日割計算とする。

（給与より控除）

第8条 次の各号の一に該当するものは、支払のときに控除する。但し、第4号については、社員の過半数を代表する者との書面による協定書に基づいて行う。

　　①所得税および住民税
　　②健康保険料および厚生年金保険料の本人負担分
　　③雇用保険料の本人負担分
　　④預貯金、保険料その他本人が委託し会社が承認したもの

（給与の支払方法）

第9条 給与は、全額を直接社員に通貨をもって支払う。但し、本人が希望する場合は、金融機関の本人名義口座に振込みを行うこととする。

第3章　基準内給与

（基本給）

第10条 基本給は、年齢給、勤続給および職能給で構成する。

（年齢給）

第11条 年齢給は、15歳で70,000円とし、1歳増すごとに1,000円増加する。但し、50歳を超える年齢で増加はない。

（勤続給）

第12条 勤続給は、勤続1年（1年の期間満了をもって1年と計算する）につき800円とする（例えば、満5年なら800円×5＝4,000円）。但し、50歳を超える年齢で増加はない。

（職能給）

第13条 職能給は、職能資格等級を次の7等級に分類し、その職能に対応する別表の額とする。但し、満55歳以上の職能資格等級は原則として停止とするが、業務上能力優秀なものは考慮することがある。

職能資格等級・職層・職位表

職層	職能資格等級と内容	対応する職位
管理職	7等級 ・高度な体系的知識をもち総合的判断により、新たな計画を立案し、積極的に業務遂行できる者。 ・会社の経営方針、計画について経営者を補佐し、部下を指導監督することのできる者。	部長
管理職	6等級 ・一定の組織の長として、所管業務の的確な企画立案を行い部下に指示命令し、業務遂行のできる者。 ・経営者を補佐できる者	課長
リーダー職	5等級 ・担当業務について詳細な知識を持ち、グループの責任者として指導し、統率することができる者。 ・特命事項のできる者	課長代理・主任
一般職	4等級 ・上長の代行ができる者	D級職
一般職	3等級 ・職務遂行に充分な知識を持ち、上長の一般的な指示がなくとも通常業務を的確に処理できる者。	C級職
一般職	2等級 ・業務遂行に必要な知識を持ち、上長の一般的な指示により通常業務を遂行できる者。	B級職
一般職	1等級 ・上長の直接の細かい指示、または予め定められた基準に従い、定型的反覆的職務を行うことができる者。	A級職

（役付手当）

第14条　役付手当は、管理職、リーダー職の地位にある者に対して、次の区分により支給する。

　(1)　部長60,000円以上

(2)　課長50,000円以上

　　(3)　課長代理10,000円以上

　　(4)　主任5,000円以上

（職務手当）

第15条　職務手当は、次の区分により支給する。

　　(1)　防火管理者　5,000円　　(4)　危険物取扱主任　3,000円

　　(2)　安全管理者　2,000円　　(5)　火元責任者　　　1,000円

　　(3)　衛生管理者　2,000円　　(6)　安全衛生推進者　2,000円

（家族手当）

第16条　家族手当は、本人が扶養する無収入の同居親族者について、次により支給する。

　　(1)　配偶者　　　　　　　　　　　　13,000円

　　(2)　満18歳未満の長子　　　　　　　 3,000円

　　(3)　満18歳未満の次子以下1人につき　2,000円

　　(4)　満65歳以上の直系尊族1人につき　2,000円

　　(5)　満55歳以上の寡婦たる実養母　　 2,000円

　　(6)　満18歳未満の弟妹1人につき　　　2,000円

（住宅手当）

第17条　住宅手当は、家賃補助として家賃の75％（但し、上限は7万円とする）を支給する。

（皆勤手当）

第18条　皆勤手当は、給与締切期間中精勤した者に、次により支給する。

1ヵ月無欠勤者	7,000円
欠勤1日の者	3,000円
欠勤2日の者	1,500円

　　2　前項の皆勤手当は、管理職には支給しない。

第4章　基準外給与

（時間外手当等）

第19条　就業規則第〇条に規定する時間外勤務等の割増賃金は、次の計算により支給する。

(1) 時間外勤務

$$\frac{（基本給＋役付手当＋職務手当＋皆勤手当）}{1ヵ月平均所定勤務時間数}×1.25×時間外時間数$$

(2) 法定休日勤務

$$\frac{（基本給＋役付手当＋職務手当＋皆勤手当）}{1ヵ月平均所定勤務時間数}×1.35×休日労働時間数$$

(3) 深夜業

$$\frac{（基本給＋役付手当＋職務手当＋皆勤手当）}{1ヵ月平均所定勤務時間数}×0.25×深夜業時間数$$

2　前項(1)および(2)は、管理職には支給しない。

（別居手当）
第20条　就業規則第〇条により単身赴任する場合、次により支給する。
　　　表（略）
2　前項の支給額は、その都度会社が決定する。

（通勤手当）
第21条　通勤手当は、社員が居住の場所より会社に通勤のため交通機関を利用する者に対し、原則として、通勤定期券の現物を支給する。但し、通勤距離2キロメートル以上の者とする。

第5章　昇給

（昇給）
第22条　昇給は、原則として4月1日付をもって定期昇給を行う。

（定期昇給の内容）
第23条　定期昇給は、当該年度の職務遂行能力、勤務状況、責任感、協調性、貢献度等を人事考課で評定（S、A、B、C、Dの5段階評価）のうえ行う。

（ベースアップ）
第24条　経済状況に応じてベースアップを行うことがある。

（臨時昇給）
第25条　臨時昇給は、特に功労のあった等昇給の必要を生じた場合に行う。

（昇格）
第26条　会社は、職務遂行能力、責任感、企画力、判断力、勤務成績等勘案のうえ、職能資格等級の昇格を行うことがある。

（新規学卒者の初任給）
第27条　新規学卒者の初任給は、基準内給与額と社会的水準を勘案のうえ決定する。

（中途採用者の初任給）
第28条　新規学卒者以外の中途採用者の給与は、経験年数等を考慮して決定する。

第6章　賞与

（賞与の支給）
第29条　賞与は、原則として6月および12月に、会社の業績及び社員の勤務成績・貢献度等に応じて支給する。

（賞与の算定期間）
第30条　賞与の算定期間は、前年12月1日から当年5月末日までを夏季賞与、当年6月1日から11月末日までを冬季賞与とする。

（賞与の受給資格）
第31条　賞与の当該期間に在籍した者でも、賞与支給当日に在籍していない者には支給しない。

附則

第1条　この規程は、平成　年　月　日より施行する。

別表（第13条関連）　　　　　　　　（円）

ピッチ番号	1等級 (900)	2等級 (1,100)	3等級 (1,300)	4等級 (1,600)	5等級 (1,900)	6等級 (2,200)	7等級 (2,800)
1	52,500	69,500	90,500	113,000	139,500	171,000	254,000
2	53,400	70,600	91,800	114,600	141,400	173,200	256,800
3	54,300	71,700	93,100	116,200	143,300	175,400	259,600
4	55,200	72,800	94,400	117,800	145,200	177,600	262,400
5	56,100	73,900	95,700	119,400	147,100	179,800	265,200
6	57,000	75,000	97,000	121,000	149,000	182,000	268,000
7	57,900	76,100	98,300	122,600	150,900	184,200	270,800
8	58,800	77,200	99,600	124,200	152,800	186,400	273,600
9	59,700	78,300	100,900	125,800	154,700	188,600	276,400
10	60,600	79,400	102,200	127,400	156,600	190,800	279,200
11	61,500	80,500	103,500	129,000	158,500	193,000	282,000
12	62,400	81,600	104,800	130,600	160,400	195,200	284,800
13	63,300	82,700	106,100	132,200	162,300	197,400	287,600
14	64,200	83,800	107,400	133,800	164,200	199,600	290,400
15	65,100	84,900	108,700	135,400	166,100	201,800	293,200
16	66,000	86,000	110,000	137,000	168,000	204,000	296,000
17	66,900	87,100	111,300	138,600	169,900	206,200	298,800

資料2の2
給与規程その2（能力（成果）主義賃金への部分移行例）

第1章　総則（第1条～第3条） …………………………… 1（190）

第2章　給与の計算（第4条～第9条） ……………………… 1（190）

第3章　基準内給与（第10条～第16条） …………………… 2（191）

第4章　基準外給与（第17条～第19条） …………………… 3（192）

第5章　給与の改定（第20条～第22条） …………………… 3（192）

第6章　賞与（第23条～第25条） …………………………… 4（193）

給与規程その2 (能力(成果)主義賃金への部分移行例)

第1章　総則

第1条～第2条　省略(給与規程その1と同じものは省略、以下に同じ)

(給与の構成)
第3条　給与は、基準内給与と基準外給与とに分け、その構成は次のとおりとする。

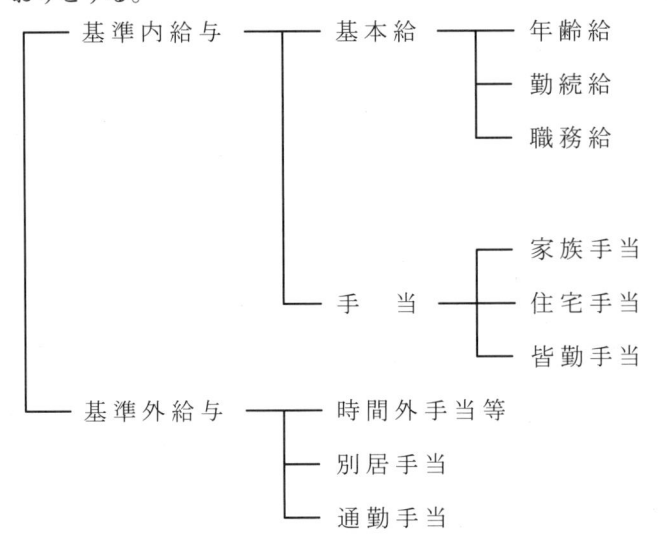

```
         ┌─ 基準内給与 ─┬─ 基本給 ─┬─ 年齢給
         │              │          ├─ 勤続給
         │              │          └─ 職務給
         │              │
         │              │          ┌─ 家族手当
         │              └─ 手　当 ─┼─ 住宅手当
         │                         └─ 皆勤手当
         │
         └─ 基準外給与 ─┬─ 時間外手当等
                        ├─ 別居手当
                        └─ 通勤手当
```

第2章　給与の計算

第4条～第9条　省略

第3章　基準内給与

（基本給）
第10条　基本給は、年齢給、勤続給および職務給で構成する。

第11条～第12条は、給与規程その1の同条と同じ

（職務給）
第13条　職務給は4つの職務等級に分類し、それぞれの等級の標準額、上限額、下限額は、別紙職務給表（注、例①を前提）による。
　2　新規学卒者または中途採用者（これらに準ずる者を含む）の職務給は、経験、能力等を基準に職務等級を決定した上、別紙職務給表の範囲で個別に金額を決定する。

（家族手当）
第14条　家族手当は、本人が扶養する無収入の同居親族者について、次により支給する。

　　⑴　配偶者　　　　　　　　　　　　　13,000円
　　⑵　満18歳未満の長子　　　　　　　　 3,000円
　　⑶　満18歳未満の次子以下1人につき　　2,000円
　　⑷　満65歳以上の直系尊族1人につき　　2,000円
　　⑸　満55歳以上の寡婦たる実養母　　　　2,000円
　　⑹　満18歳未満の弟妹1人につき　　　　2,000円

（住宅手当）
第15条　住宅手当は、家賃補助として家賃の75％（但し、上限は7万円とする）を支給する。

（皆勤手当）
第16条　皆勤手当は、給与締切期間中精勤した者に、次により支給する。

1カ月無欠勤者	7,000円
欠勤1日の者	3,000円
欠勤2日の者	1,500円

2　前項の皆勤手当は、管理職には支給しない。

第4章　基準外給与

(時間外手当等)
第17条　就業規則第〇条に規定する時間外勤務等の割増賃金は、次の計算により支給する。

(1)　時間外勤務

$$\frac{(基本給＋皆勤手当)}{1ヵ月平均所定勤務時間数} \times 1.25 \times 時間外時間数$$

(2)　法定休日勤務

$$\frac{(基本給＋皆勤手当)}{1ヵ月平均所定勤務時間数} \times 1.35 \times 休日労働時間数$$

(3)　深夜業

$$\frac{(基本給＋皆勤手当)}{1ヵ月平均所定勤務時間数} \times 0.25 \times 深夜業時間数$$

2　前項(1)および(2)は、管理職には支給しない。

(別居手当)
第18条　就業規則第〇条により単身赴任する場合、次により支給する。
　表（略）
2　前項の支給額は、その都度会社が決定する。

(通勤手当)
第19条　通勤手当は、社員が居住の場所より会社に通勤のため交通機関を利用する者に対し、原則として、通勤定期券の現物を支給する。但し、通勤距離2キロメートル以上の者とする。

第5章　給与の改定

(改定の時期)

第20条　給与の改定は年1回、その時期は4月分給与とする。但し、次の者は、対象から除外する。
　　①改定額算定期間における所定就業日数の3分の1以上就業しなかった者
　　②定期改定時において休職中の者
　　③改定額算定期間中に懲戒処分を受けている者
（改定の基準）
第21条　年齢給は第11条、勤続給は第12条の基準に基づいて昇給する。
　2　職務給は、別紙職務給表（注、例①を前提）の範囲内において、人事考課の結果に基づき、直接上司が第1次評価を行い、第2次評価は役員会にて改定額（昇給額・降給額）を決定する。
（ベース・アップ）
第22条　経済状況の変化に伴い、ベース・アップを行うことがある。ベース・アップの時期は定期改定と同時とする。

第6章　賞与

（給与規程その1の第29条～第31条が、第23条～第25条となり、内容は同じ。）

附則

第1条　この規程は、平成　年　月　日より施行する。

職務給表（例①）　　　　　　　　　　　　　　　（円）

職務等級	職務内容	下限額	標準額	上限額
1等級	スタッフ職	93,000	110,000	127,000
2等級	現場ないし本部でのリーダー　班のとりまとめ	130,000	150,000	170,000
3等級	主導者的職務	180,000	210,000	240,000
4等級	現場ないし本部での最小単位組織の管理職務	245,000	290,000	335,000

職務給表（例②）　　　　　　　　（円）

等級		1号	2号	3号	4号	5号	6号	7号	8号	9号	10号
1等級 スタッフ職 (900円刻み)		93,000	93,900	94,800	95,700	96,600	97,500	98,400	99,300	100,200	101,100
		11号	12号	13号	14号	15号	16号	17号	18号	19号	20号
		102,000	102,900	103,800	104,700	105,600	106,500	107,400	108,300	109,200	110,100
		21号	22号	23号	24号	25号	26号	27号	28号	29号	30号
		111,000	111,900	112,800	113,700	114,600	115,500	116,400	117,300	118,200	119,100
		31号	32号	33号	34号	35号	36号	37号			
		120,000	120,900	121,800	122,700	123,600	124,500	125,400			
2等級 中級社員 (1,300円刻み)		1号	2号	3号	4号	5号	6号	7号	8号	9号	10号
		126,000	127,300	128,600	129,900	131,200	132,500	133,800	135,100	136,400	137,700
		11号	12号	13号	14号	15号	16号	17号	18号	19号	20号
		139,000	140,300	141,600	142,900	144,200	145,500	146,800	148,100	149,400	150,700
		21号	22号	23号	24号	25号	26号	27号	28号	29号	30号
		152,000	153,300	154,600	155,900	157,200	158,500	159,800	161,100	162,400	163,700
		31号	32号	33号	34号	35号	36号	37号	38号		
		165,000	166,300	167,600	168,900	170,200	171,500	172,800	174,100		
3等級 上級社員 (1,800円刻み)		1号	2号	3号	4号	5号	6号	7号	8号	9号	10号
		176,000	177,800	179,600	181,400	183,200	185,000	186,800	188,600	190,400	192,200
		11号	12号	13号	14号	15号	16号	17号	18号	19号	20号
		194,000	195,800	197,600	199,400	201,200	203,000	204,800	206,600	208,400	210,200
		21号	22号	23号	24号	25号	26号	27号	28号	29号	30号
		212,000	213,800	215,600	217,400	219,200	221,000	222,800	224,600	226,400	228,200
		31号	32号	33号							
		230,000	231,800	233,600							
4等級 中級管理者 (2,500円刻み)		1号	2号	3号	4号	5号	6号	7号	8号	9号	10号
		235,000	237,500	240,000	242,500	245,000	247,500	250,000	252,500	255,000	257,500
		11号	12号	13号	14号	15号	16号	17号	18号	19号	20号
		260,000	262,500	265,000	267,500	270,000	272,500	275,000	277,500	280,000	282,500
		21号	22号	23号	24号	25号	26号	27号	28号	29号	30号
		285,000	287,500	290,000	292,500	295,000	297,500	300,000	302,500	305,000	307,500
		31号	32号	33号	34号	35号	36号	37号	38号	39号	40号
		310,000	312,500	315,000	317,500	320,000	322,500	325,000	327,500	330,000	332,500
5等級 上級管理者		年俸制									

資料2の3
給与規程その3（能力（成果）主義賃金への全面移行例）

第1章　総則（第1条～第3条）　………………………… 1（196）

第2章　給与の計算（第4条～第9条）　………………… 1（196）

第3章　基準内給与（第10条～第14条）　………………… 1（196）

第4章　基準外給与（第15条～第16条）　………………… 2（197）

第5章　賞与（第17条～第19条）　………………………… 3（198）

給与規程その3 (能力(成果)主義賃金への全面移行例)

第1章　総則

第1条～第2条　省略(給与規程その1と同じものは省略、以下に同じ)
(給与の構成)
第3条　給与は、基準内給与と基準外給与とに分け、その構成は次のとおりとする。

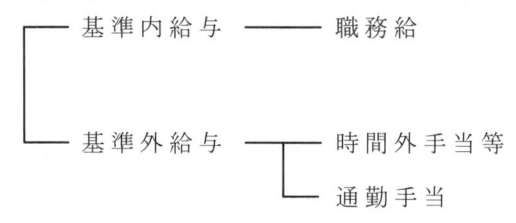

```
┌─ 基準内給与 ─── 職務給
│
└─ 基準外給与 ┬─ 時間外手当等
              └─ 通勤手当
```

第2章　給与の計算

第4条～第9条　省略

第3章　基準内給与

(基準内給与)
第10条　基準内給与は、職務給で構成する。
(職務給)
第11条　職務給は4つの職務等級に分類し、それぞれの等級の標準額、上限額、下限額は、別紙職務給表(注、例①を前提)による。
　2　新規学卒者または中途採用者(これらに準ずる者を含む)の職務給は、経験、能力等を基準に職務等級を決定した上、別紙職務給表の範囲で個別に金額を決定する。
(職務給の改定)
第12条　職務給の改定は年1回、その時期は4月分給与とする。但し、

次の者は、対象から除外する。
　①改定額算定期間における所定就業日数の３分の１以上就業しなかった者
　②定期改定時において休職中の者
　③改定額算定期間中に懲戒処分を受けている者

（改定の基準）
第13条　職務給は、別紙職務給表の範囲内において、人事考課の結果に基づき、直接上司が第１次評価を行い、第２次評価は役員会にて改定額（昇給額・降給額）を決定する。

（ベース・アップ）
第14条　経済状況の変化に伴い、ベース・アップを行うことがある。ベース・アップの時期は定期改定と同時とする。

第４章　基準外給与

（時間外手当等）
第15条　就業規則第○条に規定する時間外勤務等の割増賃金は、次の計算により支給する。

(1)　時間外勤務

$$\frac{職務給}{１ヵ月平均所定勤務時間数} \times 1.25 \times 時間外時間数$$

(2)　法定休日勤務

$$\frac{職務給}{１ヵ月平均所定勤務時間数} \times 1.35 \times 休日労働時間数$$

(3)　深夜業

$$\frac{職務給}{１ヵ月平均所定勤務時間数} \times 0.25 \times 深夜業時間数$$

2　前項(1)および(2)は、管理職には支給しない。

(通勤手当)
第16条　通勤手当は、社員が居住の場所より会社に通勤のため交通機関を利用する者に対し、原則として、通勤定期券の現物を支給する。但し、通勤距離2キロメートル以上の者とする。

第5章　賞与

(給与規程その1の第29条～第31条が、第17条～第19条となり、内容は同じ)

附則

第1条　この規程は、平成　年　月　日より施行する。

職務給表（例①）　　　　　　　　　（円）

職務等級	職務内容	下限額	標準額	上限額
1等級	スタッフ職	160,000	200,000	240,000
2等級	現場ないし本部でのリーダー 班のとりまとめ	240,000	280,000	320,000
3等級	主導者的職務	320,000	365,000	410,000
4等級	現場ないし本部での最小単位組織の管理職務	410,000	470,000	530,000

職務給一覧表（例②）　　　　　　　　　　　（円）

等級						
1等級 スタッフ職 （2,000円刻み）	1号 160,000	2号 162,000	3号 164,000	4号 166,000	5号 168,000	6号 170,000
	7号 172,000	8号 174,000	9号 176,000	10号 178,000	11号 180,000	12号 182,000
	13号 184,000	14号 186,000	15号 188,000	16号 190,000	17号 192,000	18号 194,000
	19号 196,000	20号 198,000	21号 200,000	22号 202,000	23号 204,000	24号 206,000
	25号 208,000	26号 210,000	27号 212,000	28号 214,000	29号 216,000	30号 218,000
	31号 220,000	32号 222,00	33号 224,000	34号 226,000	35号 228,000	36号 230,000
	37号 232,000	38号 234,000	39号 236,000	40号 238,000	41号 240,000	
2等級 現場ないし本部 でのリーダー 班のとりまとめ （2,500円刻み）	1号 240,000	2号 242,500	3号 245,000	4号 247,500	5号 250,000	6号 252,500
	7号 255,000	8号 257,500	9号 260,000	10号 262,500	11号 265,000	12号 267,500
	13号 270,000	14号 272,500	15号 275,000	16号 277,500	17号 280,000	18号 282,500
	19号 285,000	20号 287,500	21号 290,000	22号 292,500	23号 295,000	24号 297,500
	25号 300,000	26号 302,500	27号 305,000	28号 307,500	29号 310,000	30号 312,500
	31号 315,000	32号 317,500	33号 320,000			
3等級 主導権的職務 （5,000円刻み）	1号 320,000	2号 325,000	3号 330,000	4号 335,000	5号 340,000	6号 345,000
	7号 350,000	8号 355,000	9号 360,000	10号 365,000	11号 370,000	12号 375,000
	13号 380,000	14号 385,000	15号 390,000	16号 395,000	17号 400,000	18号 405,000
	19号 410,000					
4等級 現場ないし本部 での最小単位組 織の管理業務 （7,500円刻み）	1号 410,000	2号 417,500	3号 425,000	4号 432,500	5号 440,000	6号 447,500
	7号 455,000	8号 462,500	9号 470,000	10号 477,500	11号 485,000	12号 492,500
	13号 500,000	14号 507,500	15号 515,000	16号 522,500	17号 530,000	

資料3　退職金規程

第1章　総則（第1条） ……………………………… 1 (202)

第2章　支給対象者（第2条～第3条） ……………… 1 (202)

第3章　計算（第4条～第8条） …………………… 1 (202)

第4章　加算、支給制限（第9条～第10条） ………… 2 (203)

第5章　支給時期（第11条） ………………………… 3 (204)

第1章　総則

（総則）
第1条　この規程は、就業規則第○条により従業員の退職金について定めたものである。但し、契約社員、パートタイマー等には適用しない。

第2章　支給対象者

（支給対象者）
第2条　退職金は、勤続1年以上の従業員が退職した場合に支給する。但し、自己都合による退職の場合は3年以上の場合に支給する。

（退職金受領者）
第3条　退職金の支給を受ける者は、本人またはその遺族で、会社が正当と認めた者とする。
　2　前項の遺族は、労働基準法施行規則第42条ないし第45条の遺族補償の順位による。

第3章　計算

（退職金の算定基礎額）
第4条　退職金の計算を行う場合の基礎となる額は、退職時の基本給とする。

（自己都合による算式）
第5条　次の(1)の各号の事由により退職した場合は、次の(2)の算式により算出した金額を退職金として支給する。
　　(1)　事由
　　　　①自己の都合で退職する場合（就業規則第○条○号）
　　　　②私傷病によりその職に耐えず退職する場合（同条○号）
　　　　③休職期間満了による場合（同条○号）
　　　　④解雇であった場合（同○条1～4号、6号）。

(2)　算式
　　　基礎額×別表の自己都合の支給率

(会社都合による算式)
第6条　次の(1)の各号の事由により退職した場合は、次の(2)の算式により算出した金額を退職金として支給する。
　(1)　事由
　　　①会社の都合により解雇する場合（就業規則第〇条第5号）
　　　②死亡した場合（同第〇条〇号）
　　　③定年に達した場合（同条〇号）
　　　④業務上の傷病、疾病による退職の場合
　　　⑤当社役員への就任のよる退職の場合
　(2)　算式
　　　基礎額×別表の会社都合の支給率

(勤続年数の計算)
第7条　勤続年数の計算は、入社日より退職日（死亡の場合は死亡日）までとし、1年未満の端数は6ヵ月以上は切り上げ、6ヵ月未満は切り捨てる。
　2　就業規則第〇条の試用期間は、勤続年数に算入する。
　3　就業規則第〇条の休職期間は、第〇号、第〇号を除き、原則として、勤続年数に算入しない。
　4　従業員が会社に再入社した場合は、再入社前の勤続年数は算入しない。

(端数処理)
第8条　退職金の計算において100円未満の端数が生じたときは、100円単位に切り上げる。

第4章　加算、支給制限

(加算)
第9条　在職中に特に功労のあった退職者に対しては、別に特別功労金を退職金に附加することがある。

(支給制限)
第10条　懲戒解雇または就業規則第○条第○号の懲戒解雇該当事由がある退職者には、原則として退職金を支給しない。但し、情状によって減じて支給することがある。

第5章　支給時期

(退職金の支給)
第11条　退職金は、退職の日より1ヵ月以内に支給する。但し、事故あるときは、事故解消後とする。

付則

第1条　この規程は、平成　年　月　日より施行する。

(別表)　　　　　　　　　　退職金支給率

勤続	支給率		勤続	支給率		勤続	支給率	
	自己都合	会社都合		自己都合	会社都合		自己都合	会社都合
1年	0	0.73	11年	6.87	9.01	21年	26.50	29.85
2	0	1.41	12	8.03	10.45	22	29.78	32.35
3	1.48	2.07	13	9.27	11.99	23	33.19	34.97
4	2.02	2.73	14	10.60	13.65	24	36.85	37.75
5	2.59	3.50	15	11.98	15.43	25	39.65	39.65
6	3.14	4.14	16	14.08	17.58	26	40.25	40.25
7	3.73	4.92	17	16.21	19.87	27	40.85	40.85
8	4.32	5.71	18	18.47	22.26	28	41.45	41.45
9	4.95	6.56	19	20.87	24.80	29	42.05	42.05
10	5.79	7.67	20	23.36	27.45	30以上	42.65	42.65

資料4　出　向　規　程

(目的)
第1条　この規程は、株式会社○○○○（以下、当社という）就業規則第○条第○項に基づき、他の企業または団体（以下、出向先という）に出向する労働者（以下、出向者という）の労働条件その他の取扱に必要な事項を定めることを目的とする。

(出向者の定義)
第2条　出向者とは、当社に在籍のまま他の企業または団体（出向先）に勤務を命ぜられた者をいう。

(人事考課)
第3条　出向者の管理は、当社人事部で行う。
　　2　出向者の人事考課は、出向先の所属長の考課に基づき、当社規程により行う。

(勤務)
第4条　出向者は、出向先における服務規律・労働時間・休日・出張・職務内容およびタイトルなどに関しては、原則として出向先の就業規則、決定その他の定めに従うものとする。
　　2　年次有給休暇・その他の諸休暇日数に関しては、当社基準による。

(賃金)
第5条　出向者の賃金（諸手当等を含む）等については、当社の給与規程に基づき当社の支給日に支払う。

(賃金改定)
第6条　出向者の基本給の改訂は、当社基準により実施する。

(出向期間)
第7条　出向期間は、原則3年とする。但し、期間途中、当社の都合により出向を解除することがある。
　　2　出向期間は、業務上必要のある場合、延長することがある。延長期間は延長時の状況を勘案し、当社が定める。

(出向中の勤務取扱い)
第8条　出向期間は、当社退職金規程の定めるところにより当社の勤続

年数に通算する。
（退職金）
第9条　出向者の退職金は、当社退職金規程による。
（福利厚生）
第10条　出向者が当社の厚生施設を利用する場合およびその他の福利厚生については、原則として当社の他の労働者と同様の取り扱いをする。
　　2　出向者には、当社の慶弔見舞金規程を適用する。
（賞罰）
第11条　出向者の賞罰については、当社および出向先のそれぞれの規程を適用する。
（社会保険）
第12条　労災保険以外の社会保険については当社の資格を継続する。
　　2　労災保険は出向先に移管する。

付則

1　この規程は、平成　　年　　月　　日より施行する。

資料5　転籍合意書

　株式会社○○（以下、「甲」という）と××××（以下、「乙」という）及び株式会社△△（以下、「丙」という）は、乙が甲より丙に転籍することについて合意に至ったので、乙の雇用関係につき、下記のとおり、転籍合意書を締結する。

記

1．甲と乙の雇用契約は、平成○年○月○日をもって終了し、乙は同日限り甲を退職する。
2．乙は、平成○年○月△日より丙に正社員として雇用される。
3．乙の平成○年○月△日以降の賃金、退職金その他の労働条件等については、丙の就業規則、給与規程、退職金規程、その他の諸規程の定めるところによる。

（特約する場合）
4．乙の年次有給休暇の日数は、丙の就業規則によるが、有給休暇日数の決定において基準とする勤務期間は、甲における勤務期間を通算する。
5．1．によって雇用契約が終了した後は、乙は甲に対して労働契約上の一切の債権を有するものではないことを確認する。

平成○年○月×日

　　　　甲　（住　所）
　　　　　　（会社名）　株式会社　○○

　　　　乙　（住　所）
　　　　　　（氏　名）　××　××

　　　　丙　（住　所）
　　　　　　（会社名）　株式会社　△△

資料6　休職規程

（目的）
第1条　この規程は、就業規則第○条に基づき、社員の休職に関する基準を定めることを目的とする。

（休職事由）
第2条　会社は、社員が次の各号の一に該当する場合は、休職を命ずる。
① 勤続1年以上の社員が業務外の傷病によって連続1ヵ月欠勤したとき
② 地方自治体等の議員等に就任したとき
③ 刑事事件で起訴されたとき
④ 労働協約に基づき組合専従者となったとき
⑤ ボランティア・海外留学等のため職務に就くことができなくなったとき
⑥ 出向を命じられたとき
⑦ 前各号のほか会社が必要と認めたとき

（休職期間）
第3条　前条の休職期間は、次のとおりとする。但し、(1)の勤続年数は、採用日から欠勤期間の開始日までの期間により計算する。
(1) 前条1号の場合
　①勤続1年以上3年未満の者　　　6ヵ月
　②勤続3年以上5年未満の者　　　1年
　③勤続5年以上の者　　　　　　　1年6ヵ月
(2) 前条2号の場合は、公職就任期間（但し、一期に限る）
(3) 前条3号の場合は、判決が確定するまでの期間
(4) 前条4号の場合は、労働協約に定める期間
(5) 前条5号の場合は、会社が必要と認めた期間
(6) 前条6号の場合は、出向規程に定める期間
(7) 前条7号の場合は、会社が個別に決める期間

2　前項の休職期間は、会社が延長の必要を特に認めたときは、その必要な期間延長することがある。

3　前条1号により休職となった者が復職後1年以内に同一又は類

似の傷病により再び会社を休んだ場合は、欠勤期間を経ることなく直ちにこれを休職とする。但し、復職後6ヵ月以内に再び休職となったときは前後の休職期間を通算（この場合、前の休職期間の上限を限度とする）する。

（復職）
第4条　会社は、休職者の休職事由が休職期間満了までに消滅した場合は、復職させる。第3条1項(1)の休職者は、復職において、主治医及び会社の指示に従って、産業医ないし産業医の推薦する医師の診断書を提出しなければならない。
　2　前項の場合において復職にあたり一定期間のリハビリ勤務が必要なときは、会社は、その期間、職務内容に対応する賃金を、社員の希望も聴取した上で決定する。

（退職）
第5条　休職期間が満了したにもかかわらず、休職事由が消滅せず、あるいは復職をしなかったときには、その休職期間満了日をもって当該休職者は退職とする。

（私傷病休職の場合の処遇）
第6条　第3条1項(1)の休職者には、会社は休職期間中賃金を支給しない（無給）。なお、賞与査定期間中に休職期間があるときは、その休職期間勤務がないものと扱う。
　2　退職金規程又は永年勤続表彰における勤続年数の計算において、休職期間は算入しない。
　3　年次有給休暇における勤続期間において、休職期間は労働日に算入しない。

（公職就任休職の場合の処遇）
第7条　第3条1項(2)の休職者の休職期間等の処遇については、前条各項を準用する。

（起訴休職の場合の処遇）
第8条　第3条1項(3)の休職者の休職期間等の処遇については、第6条各項を準用する。

（組合専従休職の場合の処遇）
第9条　第3条1項(4)の休職者の休職期間等の処遇については、第6条

各項を準用する。
（私事休職の場合の処遇）
第10条　第３条１項(5)の休職者の休職期間等の処遇については、第６条各項を準用する。
（出向による休職の場合の処遇）
第11条　第３条１項(6)の休職者の休職期間等の処遇については、出向規程の定めるところによる。
（会社が必要と認めた休職の場合の処遇）
第12条　第３条１項(7)の休職者の休職期間等の処遇については、個別に会社が決定するものとする。

付則

１　この規程は、平成　　年　　月　　日より施行する。

資料7　定年後再雇用規程

（目的）
第1条　この規程は、定年後再雇用社員の採用、及び就業に関する事項を定め、就業条件その他については、個別に雇用契約書にて定める。

（定義）
第2条　定年後再雇用社員とは、定年に達した従業員が希望し、かつ次の各号のいずれにも該当する場合において、会社と雇用契約を結んだ者をいう。但し、会社の業績が再雇用を許さない状況であったときは、この限りではない。
　　　　①過去に減給以上の懲戒処分を受けた者でないこと
　　　　②定年に達する直前の3年間の人事考課にてC評価を受けたことがないこと
　　　　③会社の産業医が60歳以降の就業を不適当とする旨の意見を出していないこと

（雇用期間及び更新要件）
第3条　定年後再雇用社員の雇用期間は、原則として1年（その期間の満了が満65歳を超えるときは、満65歳までの期間）とする。
　2　前項の雇用期間が満了した場合において、第2条に掲げる基準（但し書きも含む）を充足したときは、定年後再雇用社員に事前に通知し、同意を得た上で更新する（自動更新はしない）。但し、満65歳を超えて更新することはない。
　3　定年後再雇用社員と会社との雇用契約は、前項の会社からの通知が定年後再雇用社員に行われない限り、契約期間が満了した日に終了する。

（勤務時間、休憩、休日）
第4条　定年後再雇用社員の勤務時間、休憩時間は次のとおりとする。但し、業務の性質、繁閑によって、始業、終業時刻を繰り上げ、繰り下げることがある。

始業時刻	終業時刻	休憩時間
午前9時	午後6時	午前11時30分から午後0時30分

2　前項の規定にかかわらず、個別の雇用契約書により勤務時間、休憩につき別に定めることがある。
　　3　休日は、次の日とし、具体的には個別の雇用契約書により定めるものとする。
　　　①土曜日、日曜日（法定休日）
　　　②会社が指定した日
　　4　前項の休日は、事前に会社が同一週内（土曜日を週の起算日とする）のほかの労働日を休日に指定することで振り替えることがある。この場合振り替えられた日が休日となり、休日が労働日となる。

（定年後再雇用社員の休暇・休業）
第5条　定年後再雇用社員の休暇・休業については、法令の規定する限りとし、かつ、産前産後、生理、看護、育児・介護の各休業・休暇は、いずれも無給とする。

（定年後再雇用社員の賃金）
第6条　給与は、月給制とし、その額は契約時に経験等を考慮して個別に決定する。通勤費は、毎月実費分とする。
　　2　給与・通勤費の計算期間は、当月1日より末日とし、これを当月25日（但し、銀行非営業日の場合はその前の銀行営業日）に定年後再雇用社員の指定する銀行口座に振り込む方法にて支払う。
　　3　時間外勤務、休日出勤があったときは、毎月1日から末日までの分を法令に基づいて計算し、これを翌月25日に前項の方法に準じて支払う。
　　4　定年後再雇用社員には、賞与、退職金を支給しない。

（定年後再雇用社員の退職）
第7条　定年後再雇用社員が次の各号の一に該当するときは、退職とする。
　　　①雇用期間が満了したとき
　　　②辞職を申し出て承認されたとき（但し、退職予定日の30日以上前に申し出なければならない）
　　　③死亡したとき

（就業規則の準用）

第8条　就業規則のうち次の各号に掲げる規定は、定年後再雇用社員に準用する。
　　　①第1章「総則」のうち、第○条、第○条、第○条
　　　②第2章「人事」のうち、第○条、第○条
　　　③第3章「服務規律」は、すべての規定
　　　④第7章「解雇」は、すべての規定
　　　⑤第8章「懲戒」は、すべての規定
　　　⑥第9章「災害補償」は、すべての規定
　　　⑦第10章「安全及び衛生」は、すべての規定

付則

1　本規程は、平成○年4月1日より施行する。

資料8　契約社員就業規則

第1章　　総則（第1条～第3条） ································ 1 (218)

第2章　　服務規律（第4条～第8条） ························· 1 (218)

第3章　　勤務（第9条～第20条） ································ 3 (220)
　　第1節　　所定労働時間、休憩および休日 ··············· 3 (220)
　　第2節　　出勤・遅刻・早退および欠勤 ··················· 4 (221)
　　第3節　　休暇 ··· 5 (222)
　　第4節　　育児・介護休業 ·· 5 (222)

第4章　　給与（第21条～第30条） ······························ 5 (222)

第5章　　人事（第31条～第41条） ······························ 8 (225)

第6章　　表彰（第42条） ··· 10 (227)

第7章　　懲戒（第43条～第49条） ····························· 11 (228)

第8章　　安全および衛生（第50条） ·························· 13 (230)

第9章　　災害補償（第51条） ···································· 13 (230)

第1章　総則

(目的)
第1条　本就業規則(以下「本規則」という)は、○○株式会社(以下「会社」という)の契約社員(以下単に「従業員」という)の就業に関する事項を定めたものである。

(規則適用の原則)
第2条　本規則および個別の雇用契約に定めのない事項については、労働基準法その他の法の定めるところによる。

(定義)
第3条　本規則において従業員とは、次の各号の一に該当し、第5章により契約期間を定めて契約社員として会社に採用された者をいう。定年後再雇用された者については、別に定める定年後再雇用規程を適用する。
　　　①高度な専門知識及び経験を有する者
　　　②会社の特定する職種または業務に従事させる者
　　　③その他前各号に準ずる業務上の必要がある者

第2章　服務規律

(規則遵守)
第4条　従業員は、日本の法令、本規則をはじめ会社の諸規則・諸規程および会社の方針を遵守しなければならない。
　2　従業員は会社の名声・信用を尊重し、会社の方針・倫理に反する行為をとらないものとする。

(協力の精神)
第5条　従業員は、自己の職務と関連ある他の職務担当者との連絡を密にし、職務上の責任を重んじ、協力の精神をもって業務に精励しなければならない。

(機密の保持)
第6条　従業員は、その職場を通じ、または職務外において知るに至っ

た、または知り得る会社に関する報告・統計・記録・冊子・書簡・文書・見込客表・顧客表・電子情報・その他の機密情報等（以下「機密事項」という）を会社の書面による同意なくしていかなる第三者に対しても一切開示または漏洩してはならない。

2　従業員は、機密事項を会社における職務遂行の目的のためにのみ使用し、他のいかなる目的のためにも使用してはならない。

3　本条の義務は、従業員が会社を退職しまたは解雇された後も継続する。

（個人情報の取扱い）

第7条　従業員は、職務上収集した個人情報は守秘しなければならない。

2　従業員は、個人情報の取扱いを行う旨の誓約書を会社の求めるところに従って、差し入れなければならない。

3　従業員は、退職しまたは解雇された場合、退職または解雇の日までに保管している第1項の個人情報をすべて会社に返却しまたは会社の指示に従って消去し、上記個人情報をすべて返却または消去した旨、および退職または解雇の日以降も個人情報を不正に使用し第三者に漏洩しない旨の誓約書を、会社に提出しなければならない。

（遵守義務）

第8条　従業員は、業務に専従し、勤務時間中に勤務場所を離れるときはその所在を明確にしなければならない。

2　従業員は、会社の信用を傷つけまたは従業員として不名誉な行為をしてはならない。

3　従業員は、会社内で風紀（セクシャルハラスメントを含むがそれに限定されない）を乱し、または暴力をふるい、もしくは会社の秩序を乱すような行為をしてはならない。

4　従業員は、正当な理由なくして上司の命令を拒んではならない。

5　従業員は、職務上の地位・権限を利用し金品を受け、または自己の利益を計ってはならない。

6　従業員は、会社の施設および什器・備品等の使用・保管に注意し、会社の許可なくして業務以外の目的にこれらを使用してはな

らない。
7　従業員は、業務終了後はすみやかに退出し、会社が許可した場合のほか社内に残留してはならない。
8　従業員は、会社の業務遂行中は自家用車を使用してはならない。但し、会社が必要と認めた場合はこの限りではない。
9　従業員は、社命または会社の許可なくして他の会社、団体の役員または従業員となり、もしくは営利を目的とする業務に従事してはならない。

第3章　勤務
第1節　所定労働時間、休憩および休日

（所定労働時間、休憩時間および休日）
第9条　所定労働時間、休憩時間および休日は、次条以下に定めるところによる。但し、個別の雇用契約書に定めることができるものとする。

（所定労働時間および休憩時間）
第10条　所定労働時間は、原則として以下のとおりとし、実働1日8時間、1週40時間とする。

勤務日	勤務時間		休憩時間
	始業	終業	
月曜日～金曜日	9:00	18:00	12:00～13:00

2　会社は業務上必要があるときは、前項の始終業時刻および休憩時間を繰り上げ、または繰り下げることがある。

（休日）
第11条　休日は次のとおりとする。
　　①日曜日（法定休日）
　　②会社が指定した日

（事前振替）
第12条　会社は事前に通知のうえ、休日を当該休日から1週間（但し、土曜日を1週間の起算日とする）以内の就業日に振り替えることがある。この場合、従来の休日は就業日となり、振り替えられた

就業日が休日となる。但し、振り替えられた就業日には、休日出勤手当を支給しない。

(時間外勤務・休日出勤)
第13条　会社は業務上必要があるときは、時間外勤務もしくは休日勤務を命ずることがある。従業員は、正当な理由なくこれを拒んではならない。

第2節　出勤・遅刻・早退および欠勤

(出勤・退社)
第14条　従業員は、所定の時刻に出勤、退社するものとし、退社の際は、書類、帳票類の整理・保管に万全を期さねばならない。

(出勤禁止)
第15条　次の各号のいずれかに該当する従業員は、出勤を禁止または退社を命ずることがある。
　　　①アルコール分を帯びている場合
　　　②火器・武器その他業務上不必要な危険物を携帯している場合
　　　③健康上危険が存していると思われる場合
　　　④法律・規則または本規則により就業・出勤を禁じられている場合
　　　⑤前各号に定められている以外の場合で、従業員の行動が業務に著しく支障をきたすと思われる場合

(遅刻・早退・直訪・直帰)
第16条　従業員は遅刻する場合、事前に上司に申し出て会社の許可を得なければならない。やむを得ない理由で事前に申し出ることができない場合は、事後すみやかに上司へ申し出て許可を得たうえで、勤務につかなければならない。
　2　早退・直訪・直帰するときは、あらかじめ上司に届け出て、許可を受けなければならない。
　3　正当な理由なく第1項および第2項の手続きに従わなかった遅刻・早退は、第7章の懲戒の対象となる。

(欠勤)
第17条　従業員が傷病または他の不可避的理由により出勤できない場合

は、事前に上司へその理由および欠勤予定日数を届け出て許可を得なければならない。
2　正当な理由なく前項の手続きに従わなかった欠勤は、第7章の懲戒の規定による無断欠勤とする。

第3節　休　　暇

（年次有給休暇等）
第18条　年次有給休暇は、労働基準法39条の定めに従って付与する。
2　従業員が年次有給休暇を取得するときは、事前に上司へ所定の様式により届け出るものとする。但し、会社は業務の都合によりその時期を変更させることがある。
3　年次有給休暇には、通常の賃金を支払う。
4　年次有給休暇の残存休暇日数は、翌年に限り繰り越すことができる。

（その他の休職）
第19条　従業員は、前条の他、労働基準法等の法令の定めに基づいて休暇を取得することができる。但し、いずれも無給とする。

第4節　育児・介護休業

（育児・介護休業）
第20条　育児・介護休業に関しては、育児休業規程および介護休業規程により別に定める。

第4章　給与

（給与の定義）
第21条　給与とは、賃金その他これに準ずるものをいう。
（給与の支払方法）
第22条　給与は全額円通貨にて直接本人に支払う。但し、本人の同意を得た場合には、本人が指定した金融機関の本人名義の預貯金口座に振り込むことによって支払う。
（諸控除）

第23条　給与の支払いに際し、会社は法令、会社規則の定めに従い、次の控除をすることができる。
　　①所得税、住民税
　　②雇用保険、健康保険、厚生年金保険、介護保険の各保険料
　　③その他の控除は、法律によって控除が強制される場合を除き、会社と従業員の過半数を代表する者との間における協定なくして行わない。
　2　前項にかかわらず、誤算もしくは過払いが生じた場合には、本人に通知したうえで翌月の給与から控除する。
（賃金の内容）
第24条　賃金は、次のとおりとする。但し、個別に締結される雇用契約に規定するものを除き、次のもの以外に諸手当は支給しない。

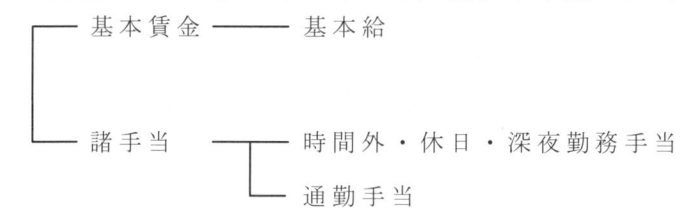

```
┌─ 基本賃金 ─── 基本給
│
└─ 諸手当 ─┬─ 時間外・休日・深夜勤務手当
           └─ 通勤手当
```

（基本給）
第25条　基本給は、職務内容、職務遂行能力・態度、経験等、会社の業績等に応じて、各契約毎に決定する。
（時間外・休日・深夜勤務手当）
第26条　1日の労働時間が法定労働時間（8時間）を超えたとき、法定休日に出勤したとき、あるいは勤務が深夜（午後10時から翌日午前5時）のときは、労働基準法37条所定の計算による時間外・休日・深夜勤務手当を支給する。
（通勤手当）
第27条　従業員が通勤する場合は、現住所の最寄駅より在勤事業所の最寄駅に至る鉄道、地下鉄、もしくはバスの1ヵ月当たりの通勤定期代を支給する。なお、通勤経路は最も経済的で短時間な路線を選んで会社が決定する。1ヵ月当たりの通勤手当は税法に定められる課税をされない金額の範囲内とする。

（賃金の計算期間および支払日）
第28条　賃金の計算期間は前月の16日より当月15日までとし、その支払いは毎月25日（銀行非営業日のときは、その前日の営業日）とする。
　　2　次の各号の場合には、基本給、通勤手当は日割計算により支給される。日割計算の除数は、所定労働日数とする。
　　　①計算期間の途中に入社または復職した場合
　　　②計算期間の途中に退職しまたは解雇された場合
　　3　前項の賃金の日割計算および次条の賃金控除は、翌月の賃金支払日までに調整する。

（賃金控除）
第29条　従業員が懲戒処分としての出勤停止処分を受けた場合、または業務上の傷病以外で欠勤した場合は、原則として不就業日について前条に定める計算方法に基づき基本給及び通勤手当を減額する。賃金の計算期間のすべてが不就業日の場合は、賃金は支払われない。
　　2　業務上の傷病による欠勤の場合、その期間の給与に代えて、法令所定の保険給付がなされる。
　　3　遅刻、早退、私用外出、組合活動、ストライキなどの事由により所定労働時間を勤務しなかったときは、その部分について基本給を控除する。

（更新時の賃金の更改等）
第30条　従業員の給与は、更新毎に前の契約期間中の職務遂行結果に基づいて、改めて決定する（増額することも、減額することもある）。
　　2　従業員には、賞与、退職金を支給しない。

第5章　人事

（採用）
第31条　会社は、必要に応じ書類選考、面接選考を経た上、適当と認めた者を採用する。

（提出書類）

第32条　新規採用者は、試用される前に所定の様式による書類を会社に提出しなければならない。

　2　前項の提出書類中、記載事項に変更を生じたときは、その都度遅滞なく会社に届け出なければならない。

（雇用期間）

第33条　従業員の雇用期間は最長1年（但し、その期間の満了が満65歳を超えるときは、満65歳までの期間）とするが、個別の雇用契約に定めるものとする。

（試用期間）

第34条　入社後1ヵ月間（但し、初回の雇用契約に限る）は試用期間とする。但し、会社は必要なとき1ヵ月を限度に試用期間を延長することができる。

　2　前項の期間中あるいは期間満了時に従業員としての適格性がないと判断されたときには、解雇する。

（更新の条件）

第35条　雇用期間が満了した場合、満了時の業務量、従事していた業務の進捗状況、従業員の勤務成績・態度・能力、会社の経営状況等により、更新の有無と条件を決定する。すなわち、自動更新はせず、更新する場合においても労働条件を改めて設定する。但し、満65歳を超えて更新することはなく、更新する場合には、会社は雇用期間満了日より1ヵ月前までに更新する契約における労働条件を従業員に通知する。

　2　従業員と会社との雇用契約は、前項の会社からの通知が契約社員にされない限り、雇用契約の期間が満了した日に終了し、従業員は退職となる。

（異動等）

第36条　会社は、業務の必要に応じて従業員の就業する場所または従事する業務の変更、関連会社への派遣または出向、ならびにその役職・地位の任免・変更を命ずることができる。この場合、従業員は正当な理由なくこれを拒むことができない。

　2　会社は、業務上必要あるときは従業員に出張を命ずる。

（引継）

第37条　従業員が前条の異動等を命じられ、または退職により、従来の担当業務を後任者に引き継ぐ場合には、引継日をもって責任が移転したものとみなし、前任者は引継日までは自己の責任で従来の担当業務を処理しなければならない。
　2　前項の引継ぎは文書もしくは口頭で行うものとする。

（退職）
第38条　従業員が次の各号の一に該当するときは、退職とする。
　　　　①退職を願い出て承認されたとき
　　　　②死亡したとき
　　　　③雇用期間が満了したとき
　2　従業員が前項1号により退職しようとする場合は、その退職日の1ヵ月前までに上司に退職願を提出し、上司の承認を得なければならない。
　3　従業員が第1項第1号により退職しようとする場合、退職日までの勤務は、会社の指示に従う。

（解雇）
第39条　次の各号の一に該当するとき、従業員は解雇される。
　　　　①従業員の能力が著しく低下しまたは従業員が精神的・肉体的障害または能力低下により、職務遂行不適当と認められるとき
　　　　②度重なる指導・助言にも拘わらず、著しく低い成果しか達成し得ないとき
　　　　③試用期間中、従業員として採用するには不適当と会社が認めたとき
　　　　④会社のやむを得ない業務の都合によるとき
　　　　⑤その他前各号に準ずるやむを得ない事由があるとき

（解雇の予告）
第40条　会社が前条の規定に従って従業員を解雇するときは、30日前に予告するか、または30日分の平均賃金を解雇予告手当として支払う。但し、事業の継続が災害または他の不可避的事由により不能となったとき、または従業員が14日以内の試用のときは、この限りではない。

2　前項の予告日数は、会社が平均賃金を支払った分だけ減らすことができる。

（貸与品等の返還義務）
第41条　従業員が退職しまたは解雇されたときは、社員バッジ・身分証明書その他会社からの貸与品をただちに返納し、会社に対し債務があるときは退職または解雇の日までに完済しなければならない。

第6章　表彰

（表彰）
第42条　従業員が次の各号の一をなしたとき、会社は当該従業員を表彰することがある。
　　　　①会社に有益な発明改良、または考案をしたとき
　　　　②災害あるいは事故の発生を防止または緊急の場合に適切な処置をとり、その功績を認めたとき
　　　　③業務遂行が優秀にして熟練し、かつ品行方正にして他の従業員の範たるとき
　　　　④会社の評価を高めるような立派な社会奉仕に従事したとき
　　　　⑤前号に規定したると同等の奉仕または行為をなしたとき
　　2　会社は前各号に該当する場合のほか、顕著な行為をなした従業員のグループを総体的に表彰することがある。

第7章　懲戒

（原則）
第43条　従業員が第47条のいずれかに該当するときは、会社は懲戒を行う。

（懲戒の種類および程度）
第44条　懲戒は譴責・減給・出勤停止・諭旨解雇または懲戒解雇の形式をとり、以下の方法で行う。但し、事実軽微な場合には懲戒を免じ注意に留めることがある。

資料

　　1　譴　　責　　従業員は始末書を提出し、書面または口頭により将来の改善のため訓戒を受ける。
　　2　減　　給　　従業員は始末書を提出し、各違反行為につき1日の平均賃金の半分以下とする。但し、一賃金支払期間中に減給が数回に及ぶ場合には、総額は当該賃金支払期間の賃金総額の10パーセントを超えることはない。
　　3　出勤停止　　従業員は始末書を提出し、出勤停止（但し、3ヵ月を限度とする）させられ非違行為につき反省を求められる。出勤停止期間中は無給とする。
　　4　諭旨解雇　　退職届を出すよう勧告する。退職届を出さないときは、懲戒解雇とする。
　　5　懲戒解雇　　予告期間を設けることなく即時解雇する。この場合、所轄労働基準監督署長の認定を受けたときは、解雇予告手当（平均賃金の30日分）を支給しない。

（懲戒）
第45条　会社はその事情により前条の懲戒形式の一または二つ以上を併用して従業員を懲戒に付することができる。
　　2　会社が必要と認めるときは、懲戒を公表することがある。

（被疑従業員に対する緊急措置）
第46条　従業員が第47条の規定に該当するとの嫌疑が存する場合、会社は事実関係を調査するため一時的に出勤停止させることができる。会社はその間従業員を欠勤扱いとし、平均賃金の6割に相当する賃金を支給する。

（懲戒事由）
第47条　従業員が次の各号の一に該当する非違行為をしたとき、会社は従業員に対し、その非違行為の態様に応じて第44条に定める懲戒処分を行う。
　　　　①会社の信用評判を害する行為をしたとき
　　　　②職場の風紀または秩序を乱したとき
　　　　③業務命令に違反したとき
　　　　④許可なく職場において宣伝広告または告知文書の配布を行っ

たとき、あるいは会社の掲示を奪い減却・書き換えまたは破棄したとき
⑤許可なく職場を放棄するなどの行為をしたとき
⑥出勤カード・物品搬出入許可証等を偽造・模造・廃棄あるいは濫用したとき
⑦故意または過失により機械・器具・材料を粗末に扱い、誤用し、または破損、破棄したとき
⑧部下、同僚または顧客に対して不正な行為をしたとき
⑨会社の施設管理権を害したとき
⑩本規則および諸規程・ルールに違反したとき
⑪氏名もしくはその経歴を偽りその他入社のため不正な方法をとったことが発覚したとき
⑫虚偽の書面または他の不正行為をもって給料・金銭または財産を受け、または受けようとしたとき
⑬第6条に反し、機密事項を漏らしたとき
⑭故意または過失により会社の取り扱う個人情報を漏洩、滅失または毀損したとき
⑮前号のほか、違法に個人情報を取得・利用・提供・保管したとき
⑯収賄し、または職務に関連した地位を利用して不当な利益を享受し、私利を得たとき
⑰正当な理由なく3日以上無断欠勤、頻繁に遅刻、早退または欠勤を繰り返したとき
⑱会社の許可なく、勤務時間中に他の者に雇用されまたは自己の事業を行ったとき
⑲犯罪を犯し、従業員として不適当と認められたとき
⑳職場での言動により他の従業員、役員等に不利益を与え、または職場環境を害する等の差別を行ったとき
㉑前各号に準ずる程度の不都合な行為をしたとき

(教唆・幇助)
第48条 他人を教唆もしくは幇助して懲戒に該当する行為をさせた者は、行為者に準じて懲戒処分とする。

（損害賠償）
第49条　従業員が故意または過失により会社に損害を及ぼしたときは、懲戒に付するほか、損害の全部または一部を賠償させる。但し、事情により賠償金の全部または一部を免除することがある。

第8章　安全および衛生

（準用）
第50条　安全および衛生に関しては、就業規則第〇章を準用する。

第9章　災害補償

（災害補償）
第51条　従業員の業務上の負傷または疾病の災害補償に関しては、法令の定めるところによる。

付則

（施行日）
第1条　本規則は〇〇年〇月〇日から施行する。

浅井　隆（あさい・たかし）

1961年　東京に生まれる。
1983年　慶應義塾大学法学部卒業。
1990年　弁護士登録。
現　在　弁護士（第一芙蓉法律事務所）。

［経歴］
2001年4月　武蔵野女子大学　講師（非常勤）
2002年4月～2008年3月　慶應義塾大学　法学部　講師（民法演習・非常勤）
2005年4月～2009年3月　慶應義塾大学大学院法務研究科（法科大学院）講師
　　　　　　　　　　　（労働法実務・非常勤）
2009年4月～現在　　　　同教授

［著書］
「退職金制度・規程の見直しと不利益変更問題への対応」（日本法令）、「退職金制度の不利益変更をめぐる法律問題」（季刊労働法210号）、「就業規則の拘束力と周知手続」（最高裁労働判例　問題点とその解説　第Ⅱ期第4版　日本経団連出版）、「企業が人事政策を見直すときの法律問題と対応実務」（日本法令）、「労働法実務相談シリーズ⑥　就業規則・労使協定Q&A」（労務行政）、「労働契約の実務」（日本経済新聞出版社）、「解雇・退職書式集」（日本法令）、「日本法令書式提供Webシステム～採用から退職までのトラブル対応の書式が揃う！～労使トラブルAtoZ書式集」（日本法令）、「労務管理者のための職場の法律」（日本経済新聞出版社）、「労使トラブル和解の実務」（日本法令）、「労働時間・休日・休暇をめぐる紛争事例解説集」（新日本法規）、「Q&A　休職・休業・職場復帰の実務と書式」（新日本法規）

［連絡先］
〒104-0045
東京都中央区築地4丁目7番1号築地三井ビルディング
電話　03-3546-7751

戦略的な就業規則改定への実務
2011年10月28日　第1版1刷発行

著　者　浅井　隆
発行者　江曽政英
発行所　株式会社労働開発研究会
　　　　〒162-0812　東京都新宿区西五軒町8-10
　　　　電話　03-3235-1861　FAX　03-3235-1865
　　　　http://www.roudou-kk.co.jp
　　　　rkk@roudou-kk.co.jp

©浅井　隆　　　　　　　　　　　2011　Printed in Japan
ISBN978-4-903613-05-5　　　　　印刷・製本　第一資料印刷株式会社

本書の一部または全部を無断で複写、複製転載することを禁じます。
　　　落丁、乱丁の際はお取り替えいたしますので弊社までお送りください。（送料弊社負担）